세상에 대하여
우리가
더잘 알아야 할
교양

34

지은이 | 옮긴이 | 감수자 소개

지은이 닉 헌터
오랫동안 실생활에서 부딪치는 문제를 다룬 청소년 논픽션 책을 써 왔습니다. 주요 저서로는 《세더잘 24: 국제 관계, 어떻게 이해해야 할까?》《제1차 세계 대전의 여성들(Women in World War I)》《세더잘 36: 스포츠와 자본》 등이 있습니다.

옮긴이 조계화
조선대학교 경영학과를 졸업했습니다. 잡지 번역 작업을 했으며 현재 출판 기획 및 전문 번역가로 활동하고 있습니다. 역서로는 《확실한 성공: 포드 자동차사 초대 영업부장의 성공 멘토링》이 있습니다.

감수자 김봉섭
경희대학교에서 신문방송학 학사와 언론학 박사 학위를 받았습니다. 현재 한국정보화진흥원 정보화 역기능대응부장으로 재직 중이며, 건전한 정보문화 조성과 정보화 과정에서 나타나는 다양한 정보화 역기능을 예방하기 위한 정책을 개발하고 있습니다. 주요 논문으로는 〈사이버 불링 발생과 정보매체 활용 간의 상관 분석〉〈페이스북 이용자의 고독감에 영향을 미치는 요인에 관한 연구〉〈윤리적 관점에서의 인터넷 중독에 대한 시론적 접근〉 등이 있습니다.

세상에 대하여 우리가 더 잘 알아야 할 교양

세 상에 대하여
우리가
더 잘 알아야 할
교양

닉 헌터 글 | 조계화 옮김 | 김봉섭 감수

34

사이버 폭력

어떻게 대처할까?

내인생의책

차례

※ 본문의 **굵은 글씨**로 표시된 단어는 94페이지 용어 설명에서 찾아보세요

| 감수자의 글 |

인터넷과 스마트 폰을 비롯한 정보 통신 기술의 발전은 우리의 일상 생활에 많은 변화를 가져왔습니다. 언제 어디서나 전 세계 사람과 자유 롭게 소통하고 대량의 정보를 공유할 수 있게 되었지요. 또한 인터넷 강 의를 통해 저렴한 비용으로 학습할 기회도 많아졌습니다. 하지만 정보 통신 기술의 발전이 초래하는 부정적인 결과를 간과해서는 안 됩니다. 인터넷과 스마트 폰에 대한 과도한 의존, 음란물이나 폭력물 같은 불건 전 정보 유통, 인터넷 사기 등의 사이버 범죄, 사이버 공간에 난무하는 비방이나 욕설 등이 정보 통신 기술 발전의 어두운 면이지요. 특히 청소 년 사이에서 인터넷과 스마트 폰을 이용하여 타인을 괴롭히는 현상이 늘 어 큰 우려를 낳고 있습니다.

인터넷이나 스마트 폰을 이용하여 타인을 공격해서 불쾌감을 일으키 는 행위를 '사이버 폭력(Cyber Bullying)'이라고 합니다. 이제 사이버 폭력 은 디지털 시대에 청소년이 직면한 가장 심각한 문제라고 해도 과언이 아닙니다. 2006년 미국의 13살 소녀 메간 마이어가 메신저를 통한 시달 림을 견디다 못해 자살했습니다. 2012년 한국에서는 모바일 메신저 대 화방에서 친구들에게 욕설과 폭언을 당한 여고생이 자살하는 사건이 벌 어졌지요. 최근에도 국내외를 막론하고 사이버 폭력의 희생자가 끊이지 않고 발생하여 사람들을 놀라게 하고 있습니다.

하지만 사이버 폭력에 대한 사회적 이해는 아직 매우 부족한 실정입니다. 사이버 폭력을 해결하기 위한 노력 또한 미비하지요. 사이버 폭력의 가해자는 대부분 재미로 사이버 폭력을 저지르기 때문에 자신이 보낸 메시지와 이미지가 상대방에게 어떤 영향을 줄지 전혀 고려하지 않습니다. 한편 사이버 폭력의 피해자는 제대로 된 도움을 받지 못하지요. '사소한 일에 신경 쓰지 말라.'는 등 사이버 폭력의 위험성을 간과한 조언만이 난무합니다.

우리의 무지와 무관심 때문에 사이버 폭력은 더욱 심각한 사회 문제로 발전할 수 있습니다. 이 책은 사이버 폭력에 대한 정확한 지식과 정보를 제공합니다. 특히 다양한 사례를 제시하며 청소년이 자기도 모르게 사이버 폭력을 저지른 적은 없는지 스스로 돌이켜 보도록 하지요. 이 책은 사이버 공간에서 올바른 마음가짐을 가지고 바르게 행동할 수 있게 돕는 지침서가 될 것입니다. 우리 청소년들이 이 책을 통해 사이버 폭력에서 자신을 보호하는 용기와 타인에게 피해를 주지 않는 지혜를 얻기를 기대합니다.

한국정보화진흥원 정보화 역기능대응부 부장 **김봉섭**

들어가며 : 24시간 노출

"**너무** 억울하고, 불쾌하고, 무서웠어요. 제가 도대체 뭘 잘못했다고 괴롭히는지도 이해가 안 됐고요. 기댈 사람이라고는 엄마뿐이었죠."

사이버 폭력의 피해자 카일리 케니의 말입니다. 카일리 케니는 15살 때 사이버 폭력을 당했습니다. 같은 반 친구 두 명이 '카일리는 죽어라!'라는 이름으로 인터넷 웹 사이트를 만들어서 카일리를 욕하고 협박하는 글을 게시한 거예요. 그 웹 사이트에는 누구나 접속해서 글을 읽을 수 있었습니다. 몇몇 아이들은 카일리에게 직접 이메일을 보내거나 전화를 걸어서 욕설을 퍼부었습니다. 심지어 메신저에서 자신이 카일리인 척 행세하며 카일리의 친구에게 욕설을 포함한 메시지를 보내는 경우도 있었지요. 욕설 메시지를 받은 카일리의 친구가 카일리를 싫어하게 만들려는 의도였습니다. 괴롭힘이 점점 심해지자 카일리는 결국 다른 학교로 전학을 갈 수밖에 없었어요.

최근 카일리처럼 인터넷이나 이메일, 메신저를 통해 괴롭힘을 당하는 아이들이 늘고 있습니다. 예전에는 괴롭힘이 보통 신체적으로 폭력을 가

사이버 폭력을 당하면 세상에 혼자 버려진 기분이 들 수 있다. 그러나 사이버 폭력은 매우 흔하게 일어나는 일이다.

하거나 돈을 빼앗는 방식으로 이루어졌습니다. 하지만 인터넷과 휴대 전화가 보편화하면서 괴롭힘의 형태가 변화했어요. 인터넷이나 휴대 전화 같은 전자 매체를 사용하여 상대를 따돌리고 못살게 구는 일명 '사이버 폭력'이 새롭게 등장했지요.

숨을 곳이 없다

친구에게 괴롭힘을 당하면 당연히 고통스럽습니다. 사이버 폭력은 특히 대처하기 어렵지요. 예전에는 주로 등하굣길이나 학교에서 괴롭힘과 따돌림이 벌어졌기 때문에 최소한 집에서는 안전하게 지낼 수 있었습니다. 하지만 사이버 폭력은 웹 사이트와 이메일, 메신저, 문자 메시지를 통해 24시간 내내 자행됩니다. 시간과 장소를 가리지 않으니 벗어나기가 훨씬 힘들지요. 가해자가 다른 사람의 이름이나 신분을 **도용**한 경우에는 자신을 괴롭히는 사람의 정체를 파악하는 일조차 녹록지 않습니다.

이제 사이버 폭력은 결코 드문 일이 아닙니다. 우리 주변에서도 카일리 케니와 같은 사례를 쉽게 찾아볼 수 있어요. 2013년에 시행된 조사에 따르면 한국 10대 청소년 중 32퍼센트 이상이 사이버 폭력을 경험해 보았다고 합니다.

이 책은 다양한 종류의 사이버 폭력과 이에 대처하는 방안을 소개합니다. 혹시 여러분이 사이버 폭력에 가담한 적이 있다면 사이버 폭력이 상대방에게 얼마나 큰 고통과 상처가 되는지를 이해하게 되겠지요. 또한 인터넷상에서의 **개인 정보** 유출 문제 같은, 사이버 폭력과 관련된 주제에 대해서도 간단히 살펴보겠습니다.

사이버 폭력의 정의

요즘 우리 사회에는 사이버 폭력이 유행하고 있습니다. 과거에 사이버 폭력을 경험해 본 사람도 있고, 현재 사이버 폭력에 시달리고 있는 사람도 많지요. 사이버 폭력은 무엇이며 왜 생겨났을까요?

전자 매체를 이용해 다른 사람을 따돌리고 집중적으로 괴롭히는 행동을 사이버 폭력이라고 합니다. 컴퓨터와 휴대 전화 같은 전자 통신 수단이 널리 퍼지고 쓰이면서 이메일이나 메신저, 웹 사이트, 블로그, 채팅방은 물론 페이스북과 카카오스토리를 비롯한 **소셜 네트워크 사이트**에 욕설이나 비방성 글, 그림, 사진을 올리는 행

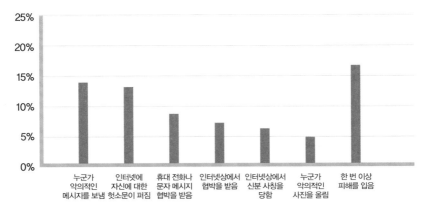

사이버 폭력 피해 유형

* 사이버 폭력은 여러 가지 모습으로 나타난다. 위 그래프는 30일 이상 사이버 폭력을 겪은 학생들이 자주 당했던 괴롭힘의 형태다.

위, 즉 사이버 폭력이 증가하기 시작했습니다.

기존의 집단적인 괴롭힘이나 학교 폭력이 주로 현실 세계에서 직접적인 폭력과 폭언으로 나타났다면 사이버 폭력은 전자 매체를 매개로 하여 사이버 공간에서 이루어집니다. 현실 세계의 학교 폭력과 사이버 폭력은 사용하는 매체만 다를 뿐 다른 사람을 괴롭힌다는 측면에서는 크게 다르지 않습니다. 거짓말로 상대를 모함하고 헛소문을 퍼트리거나 남에게 알리기 싫은 비밀을 알아내서 폭로하고 약점을 들추는 행위는 현실 세계에서든 사이버 세계에서든 모두 폭력의 일종이지요. 인터넷이 등장하기 전에는 이런 모함과 소문이 학교 내부나 동네 주변에만

퍼졌습니다. 하지만 이제는 문자 메시지와 인터넷을 통해 소문이 훨씬 멀리까지 퍼지지요. 그래서 요즘에는 피해 학생이 괴롭힘을 견디다 못해 다른 지역의 학교로 전학을 가도 그곳까지 나쁜 소문이 따라와 고통받는 일이 많습니다. 게다가 사이버 공간에서는 다른 사람을 **사칭**하기 쉬워요. 그래서 다른 사람인 척하고 욕설이나 협박성 메일, 메시지를 보내 상대방을 괴롭히는 사람이 종종 눈에 띄지요. 그렇다면 사이버 폭력이 증가한 원인은 무엇일까요?

인터넷 사용 증가

1990년대까지는 '사이버 폭력'이라는 말이 없었습니다. 사이버 공간 자체가 익숙하지 않은 개념이었기 때문에 사이버 공간에서 다른 사람을

컴퓨터는 매우 짧은 기간 동안 우리 생활에 많은 변화를 가져왔다. 특히 1990년대에 등장한 인터넷은 혜택과 위험을 동시에 불러왔다.

괴롭히는 행위를 설명하는 단어 역시 필요하지 않았던 것입니다.

하지만 2000년대에 접어들면서 인터넷 사용 인구가 급증했고, 그 뒤로 인터넷은 우리의 삶과 떼려야 뗄 수 없는 관계가 되었습니다. 오늘날에는 학교나 집을 비롯해 어디서나 인터넷을 사용할 수 있습니다. 인터넷 덕분에 메신저나 소셜 네트워크 사이트를 통해 친구와 대화를 주고받을 수 있고, 온라인 게임에서 새로운 친구를 만나기도 하지요. 우리의 일상생활에 인터넷이 얼마나 깊숙이 침투해 있는지 생각해 보세요.

휴대 전화 사용 증가

인터넷과 마찬가지로 휴대 전화 사용도 폭발적으로 증가했습니다. 전 세계의 컴퓨터 개수보다 휴대 전화 개수가 3배나 더 많다고 해요.

특히 청소년이 많이 사용하는 스마트 폰은 디지털 카메라와 인터넷 등 다양한 기능을 갖추고 있습니다. 단순히 연락을 주고받는 수단을 넘어서 생활의 편리를 제공하는 매우 중요한 도구로 자리 잡았지요. 청소년이 가장 많이 사용하는 스마트 폰 기능은 채팅, 메신저나 모바일 게임입니다. 2012년 조사에 따르면 한국의 10대 청소년 중 64.5퍼센트가 스마트 폰을 사용한다고 합니다. 그리고 청소년 중 4분의 1이 하루에 무려 5시간 이상을 스마트 폰 사용에 소모하는 스마트 폰 과다 사용자라고 해요. 그래서 스마트 폰을 이용한 사이버 폭력도 매우 빈번하게 벌어집니다.

기술이 발전하고 새로운 전자 매체가 일상화되면서 사이버 폭력의 방식도 나날이 새로워지고 있습니다. 예를 들어 페이스북은 2004년에 만들어져 현재 수억 명이 사용하고 있고, 이용자 중 상당수가 청소년과

문자 메시지는 매우 편리한 기술이지만 악의적인 문자를 보내 상대를 괴롭히는 사이버 폭력의 수단이 되기도 한다.

젊은 사람들입니다. 자연히 페이스북 같은 소셜 네트워크 사이트는 사이버 폭력의 새로운 공간이 되었지요. 다음 장에서는 이처럼 기술이 발전하면서 새롭게 나타난 사이버 폭력의 종류를 살펴보겠습니다.

간추려 보기

- 사이버 폭력은 이메일, 메신저, 소셜 네트워크 사이트, 휴대 전화 등의 전자 매체를 이용해 다른 사람을 괴롭히거나 무시하는 행위를 말한다.
- 사이버 폭력은 기술의 발전으로 인해 인터넷, 휴대 전화의 사용이 급격히 증가하며 생겨났다.

사이버 폭력의 종류

사이버 폭력은 휴대 전화, 이메일, 메신저, 온라인 게임 같은 다양한 경로를 통해 이루어집니다. 그 형태도 스토킹, 욕설 메시지, 폭력 장면 유포 등으로 매우 다양하지요. 사이버 폭력을 예방하기 위해서는 개인 정보를 철저히 관리해야 합니다.

사이버 폭력의 종류는 매체에 따라 조금씩 달라집니다. 사이버 폭력에 악용되는 매체는 휴대 전화, 소셜 네트워크 사이트, 온라인 게임 등 매우 다양하지요. 각각의 매체에 따른 사이버 폭력의 종류에 대해 자세히 알아보겠습니다.

휴대 전화

휴대 전화는 언제 어디서나 친구와 연락을 주고받을 수 있게 하는 편리한 기계지만 한편으로는 무서운 사이버 폭력의 수단이 되기도 합니다. 휴대 전화를 이용한 사이버 폭력에는 여러 가지 종류가 있습니다. 직접 전화를 걸어 괴롭히는 방식이나 욕설·비방성 문자 메시지를 보내는 방식, **모바일 메신저**를 통해 괴롭히는 방식 등이 있지요. 심한 경우 수백 건에 달하는 문자나 모바일 메시지를 계속 보내서 괴롭히기도 합니다. 글뿐 아니라 불쾌한 이미지를 보내는 경우도 있습니다.

최근에는 휴대 전화를 이용한 사이버 폭력 중에서도 특히 모바일 메신저를 통한 사이버 폭력이 급격히 증가했습니다. 청소년이 많이 쓰는 모바일 메신저 프로그램인 '카카오톡', '라인' 등을 악용해서 한 친구를

휴대 전화 폭력에서 벗어난 피비

피비는 10살 때 휴대 전화로 사이버 폭력을 당했다. 피비의 휴대 전화에는 매일 밤 욕설이 담긴 문자 메시지와 전화가 쏟아졌다. 피비는 당시를 떠올리며 이렇게 말했다. "매일 유치한 욕설이 가득한 전화와 문자 메시지를 받았어요. 그런 전화나 문자를 받으면 짜증나고 화도 났어요."

피비는 영리하게도 욕설이 담긴 문자 메시지를 모두 저장해 두었다가 부모님께 보여드렸다. 부모님은 이 증거를 피비의 학교에 전달해서 지금 피비가 어떤 일을 당하고 있는지 알렸다. 학교는 피비가 폭력에서 벗어날 수 있도록 적극적인 조치를 취했다.

집중적으로 괴롭히는 것입니다. 예를 들어 여럿이 모여 모바일 메신저 채팅방을 만들고 피해자를 그 방에 초대해 욕설을 퍼붓는 행위가 자주 벌어집니다. 피해자가 그 채팅방에서 나가면 다시 초대하고, 또 나가도 다시 초대합니다. 이러한 괴롭힘은 감옥처럼 벗어날 수 없다고 해서 '카톡 감옥'이라고 불러요. 이외에도 여럿이 대화하는 단체 채팅방에서 한 사람의 말을 모두가 무시하거나 계속해서 대화 주제를 바꾸기도 합니다. 피해자가 대화에 끼어들지 못하게 하기 위해서지요.

그뿐만 아니라 청소년 대부분이 스마트 폰을 사용하기 시작하면서 '와이파이 셔틀'이라는 신종 폭력이 생겨났습니다. 청소년의 휴대 전화 요금은 부모님이 내 주시는 경우가 대부분이지요. 그래서 청소년들은 스마트 폰으로 인터넷을 하는 데 필요한 데이터를 마음껏 쓸 수 없습니

집중탐구 휴대 전화 폭력 대응법

불쾌한 문자나 전화를 받았을 때 그에 대처하는 방법을 알아 두자.
- 가까운 사람이 아니면 함부로 전화번호를 알려 주지 마라.
- 문자를 보관해 두어라. 나중에 괴롭힘을 당한 증거로 제출할 수 있다.
- 믿을 수 있는 어른에게 이야기하라. 전화나 문자 메시지는 사적인 내용을 담고 있기 때문에 휴대 전화 폭력을 당하면 세상에 혼자 남은 것처럼 느껴진다. 하지만 우리는 혼자가 아니라는 사실을 잊지 말아야 한다. 괴롭힘 당하고 있다는 사실을 어른에게 알리자.
- 불쾌한 전화를 받으면 반응하지 말고 그냥 끊어라.
- 악의적인 문자 메시지에 답장하지 마라. 여러 사람에게 문자 메시지를 보낸 뒤 그중 답장을 보내는 사람만 괴롭히는 가해자가 많기 때문이다. 문자 메시지에 답장하면 더욱 심한 공격을 받을 수 있다.

다. '와이파이 셔틀'이란 괴롭힘에 의해 무선 인터넷(와이파이)을 제공하는 피해자를 가리키는 말입니다. 한 친구를 협박해 와이파이를 켜게 한 뒤 그것을 무단으로 이용해 인터넷을 하는 것이지요.

이처럼 휴대 전화 폭력은 한 사람이 다른 한 사람을 공격하거나 여러 사람이 한 사람을 공격하는 방식으로 진행됩니다. 다른 사이버 폭력과 마찬가지로 가해자가 다른 사람인 척 가장하는 일도 빈번하게 발생하지요.

이메일

가끔 욕설이나 비방성 내용이 담긴 이메일을 받게 되는 경우가 있습니다. 한 번으로 끝나면 다행이지만 반복해서 그러한 이메일이 오면 정말 귀찮고 화가 나지요. 다행히 '한메일' 등 우리가 많이 사용하는 이메일 프로그램은 대부분 악의적인 이메일을 차단하는 기능을 갖추고 있습니다. **수신 거부**나 스팸 메일 등록 같은 기능 말이에요.

하지만 차단 기능만으로 간단하게 해결할 수 없는 이메일 폭력도 있습니다. 이메일 **계정**은 매우 간단하게 만들 수 있고, 한 사람이 계정을 여러 개 만드는 일이 가능합니다. 그래서 악의적인 이메일을 보낸 계정을 차단해도 같은 사람이 다른 계정을 새로 만들어 계속 이메일을 보낼 수 있지요. 또한 상대방과 이름이 비슷한 계정을 만들어서 상대방인 척 가장해 다른 친구에게 악의적인 이메일을 보내기도 합니다. 정작 피해자는 누군가 자신을 사칭해 친구에게 악의적인 이메일을 보내고 있다는 사실을 모릅니다. 결국 피해자는 아무것도 모른 채 친구의 미움을 사겠지요.

알아두기

욕설과 협박이 담긴 악의적인 이메일이나 문자 메시지를 받았을 때, 화가 난 상태에서 바로 답장을 보내서는 안 된다. 잠시 다른 일을 해서 화를 식힌 다음 답장을 보내자. 바로 답장을 썼다면 보내지 말고 잠시 두었다가 보내기 전에 다시 한 번 읽어 보자. 화가 난 상태에서 답장을 쓰면 실제 의도보다 공격적으로 쓰게 되기 때문에 보낸 뒤에 후회할 가능성이 높다.

▌ 이메일 주소 같은 개인 정보는 믿을 수 있는 친구나 가족에게만 알려 주어야 한다.

　한 사람이 여러 계정을 사용하여 보냈든 실제로 여러 사람이 보냈든 악의적인 이메일을 보낸 계정을 모두 차단하기 어려울 때는 아예 자신의 계정을 삭제하고 다른 이메일 계정을 새로 만들어 사용하는 것도 한 가지 대처법입니다. 그리고 만약 악의적인 이메일을 받으면 꼭 보관해 두세요. 나중에 사이버 폭력을 당했다는 증거로 제시할 수 있습니다.

　이메일을 보낼 때는 매우 신중해야 합니다. 이메일로 비밀 이야기를 털어놓거나 개인적이고 비밀스러운 사진을 보냈다가 나중에 알고 보니 모르는 사람에게까지 자신의 비밀 이야기와 사진이 퍼져 있는 사례가 의외로 많습니다. 이메일 계정 해킹 때문이지요. 누군가 이메일 계정을 해킹해서 지금까지 주고받았던 이메일을 열람하고 비밀 이야기와 사진을 유출하는 거예요.

친구에게 받은 이메일이나 사진을 다른 친구에게 전달할 때도 주의를 기울여야 합니다. 인터넷상에서는 컴퓨터로 합성·조작된 사진이 퍼지기 쉽습니다. 만약 우리가 전달한 사진을 누군가 악의적으로 조작해서 퍼트린다면 우리는 의도치 않게 친구를 괴롭히는 사이버 폭력에 가담한 셈이 되지요.

이메일을 이용한 사이버 폭력을 예방하려면 다른 사람에게 절대 이메일 계정의 로그인 정보를 알려 주지 않아야 합니다. 다른 사람이 자신의 계정으로 접속해 악의적인 이메일을 보내면 몹시 억울하겠지요. 자기가 하지도 않은 일 때문에 괜한 오해를 사게 되니까요. 게다가 그 이메일을 자신이 보내지 않았다는 사실은 증명하기가 매우 어렵습니다.

인터넷 메신저

인터넷 메신저는 이메일과 비슷한 방식으로 사이버 폭력에 악용됩니다. 메신저로 대화할 때는 지금 대화를 나누고 있는 상대가 누구인지 정확히 알 수 없습니다. 친구의 메신저 계정으로 우리와 대화하는 상대가 사실은 전혀 모르는 사람일 수도 있다는 뜻이에요. 친구가 공공장소에 놓인 컴퓨터에서 메신저를 이용한 뒤 로그아웃을 하지 않았다면 충분히 가능한 일이지요.

메신저를 통해서는 현실에서 얼굴을 마주 보고 대화할 때는 절대 하지 못할 말과 행동을 함부로 하기도 합니다. 사적인 사진과 동영상이 메신저를 통해 퍼져 나가기도 하고요.

그래서 메신저를 사용할 때는 개인 정보와 보안을 철저하게 관리해야 합니다. 사용하는 메신저 프로그램의 개인 정보 설정 기능을 확인하세요. 친구 목록에 추가된 아는 사람과만 대화하고, 악의적인 메시지를 보내는 사람이나 모르는 사람은 즉시 차단해야 합니다.

인터넷 채팅방

인터넷 채팅방은 다양한 친구를 사귀고 대화를 나눌 수 있는 공간입니다. 하지만 사이버 폭력을 당할 수 있는 위험성이 높은 공간이기도 해요. 사람들은 채팅방에서 대화를 나눌 때 실제 자신의 모습을 드러내지 않습니다. 채팅방이 바뀔 때마다 성별, 나이, 신분을 바꾸어 가며 자신을 소개하는 사람도 있지요. 어떤 채팅 사이트에서는 사용자가 실제 자신의 모습과 다른 **아바타**를 만들어서 활동합니다. 게다가 채팅방에서 주고받은 대화는 이메일이나 문자 메시지에 비해 저장해 두기가 어려워서 채팅이 끝난 뒤에 사이버 폭력을 가한 상대를 추적하기가 난감할 때가 많습니다.

채팅방에서 일어나는 사이버 폭력의 형태는 여러 사용자가 한 사람을 따돌리고 괴롭히는 모습으로 나타납니다. 학교에서 한 친구를 집단으로 따돌리는 모습과 비슷하지요. 채팅방에서 여럿이 함께 대화할 때는 군중 심리가 작용해서 작은 일에도 쉽게 흥분하게 됩니다. 악의적인 의도를 가지고 한 사람을 정해서 그 사람이 무슨 말을 하든 부정적으로 반응하거나 무시하면 이 또한 채팅방에서 발생하는 사이버 폭력입니다.

소셜 네트워크 사이트

'페이스북'과 '카카오스토리' 등 소셜 네트워크 사이트는 지난 몇 년 동안 폭발적으로 성장했습니다. 현재 전 세계의 페이스북 사용자는 11억 명이 넘습니다. 오늘날 청소년들은 일상적으로, 때로는 강박적으로 소셜 네트워크 사이트에 접속하지요.

온라인이든 오프라인이든 청소년이 모이는 곳에서는 집단 폭력이 일어날 수 있습니다. 온라인상의 소셜 네트워크 사이트 역시 폭력으로부터 안전하지 않지요. 소셜 네트워크 사이트를 통한 사이버 폭력은 주로 개인 페이지에 악의적인 글을 게시하는 방식으로 나타납니다. 다른 사람의 게시물에 **악성 댓글**을 달기도 하지요. 처음부터 다른 사람을 괴롭히기 위한 목적으로 페이지를 만드는 사람까지 있습니다.

우리는 얼마나 많은 사람이 그 글을 읽을지 생각하지 않고 경솔하게 소셜 네트워크 사이트에 글을 올립니다. 하지만 일단 인터넷에 글이 올라가면 완전히 지우기가 매우 어렵습니다. 페이스북이나 카카오스토리 화면에서는 지워졌을지 몰라도 네트워크 서버에는 기록이 남기 때문입니다. 따라서 소셜 네트워크 사이트에 글을 올릴 때는 신중해야 합니다. 나중에 후회하는 일이 없도록 글이나 사진을 올리기 전에 이 게시물이 다른 사람에게 상처를 주지는 않을지 생각해 보아야 하지요. 그리고 다른 전자 매체와 마찬가지로 다른 사람에게 자신의 계정 비밀번호를 알려 주면 안 됩니다.

키레이 호튼은 2009년 7월 페이스북에 협박성 글을 올린 혐의로 3개월의 징역형을 선고받았다. 호튼은 친구 한 명을 몇 년째 괴롭히고 있었다. 호튼은 자신이 페이스북에 그 친구를 위협하는 글을 올렸다는 사실은 인정했지만, 잠시 올렸다가 곧 지웠을 뿐이라고 주장했다. 하지만 확인 결과 호튼이 쓴 페이스북의 협박성 글은 24시간 동안 지워지지 않고 게시되어 있었던 것으로 드러났다.

웹 사이트

인터넷상의 사이버 폭력은 소셜 네트워크 사이트에서만 발생하지 않습니다. 웹 사이트는 인터넷만 연결되어 있으면 누구나 접근할 수 있는 열린 공간입니다. 15살의 조디 플럼은 인터넷에서 자신을 괴롭히기 위해 만들어진 웹 사이트를 찾아낸 순간 온몸에 소름이 끼쳤습니다. 조디는 누군가 자신을 비방하는 웹 사이트를 만들었다는 사실을 모르고 있었습니다. 반 친구가 그 사이트에 조디의 사진을 올리려고 사진을 찍는 걸 보고서야 비로소 이 사이트의 존재를 알아차렸지요. 그 친구는 웹 사이트에 조디의 사진을 올려 다른 친구들과 함께 조디를 조롱하려고 했던 것입니다.

웹 사이트에서 제공하는 인터넷 설문 조사 서비스도 사이버 폭력의 수단으로 악용될 수 있습니다. '반에서 가장 못생긴 아이 뽑기'와 같은 설문 조사는 친구들에게 큰 상처를 주지요.

온라인 게임

온라인 게임, 그중에서도 특히 '월드 오브 워크래프트'와 같은 MMORPG(Massive Multiplayer Online Role Playing Game)는 청소년에게 인기가 많습니다. 이러한 게임 사이트에는 대부분 플레이어가 서로 대화를 나누고 글을 올릴 수 있는 대화방과 **포럼방**이 마련되어 있습니다.

사람들은 게임을 하다가 쉽게 흥분하고 화를 냅니다. 그래서 게임 안에서는 현실에서보다 훨씬 공격적으로 말하고 행동하기 쉽지요. 특히 게임에서 질 경우에는 더욱 그렇고요. 이처럼 인터넷 게임을 하는 도중 다른 사람을 공격하고 빈정대는 행동을 가리켜 플레이밍이라고 합니다.

집중탐구 인터넷 게임의 익명성

인기 MMORPG 월드 오브 워크래프트를 운영하는 블리자드 엔터테인먼트는 2010년 연구를 통해 플레이어가 실명 아이디를 사용하면 익명 아이디를 사용할 때보다 말과 행동이 조심스러워지고 공격성이 줄어든다는 사실을 확인했다.

블리자드는 이 연구 결과를 토대로 포럼방에 글을 올릴 때 반드시 실명 아이디를 사용하는 정책을 도입하려고 했으나 곧 가입자의 반대에 부딪혔다. 수많은 사람이 이용하는 공간에서 실명을 공개하면 사이버 폭력이 발생할 위험은 줄어들겠지만 프라이버시를 침해당할 가능성이 높아지기 때문이다. 결국 블리자드는 실명 사용 정책의 시행을 포기했다. 사이버 폭력을 당할 위험보다 프라이버시를 침해당할 위험이 더 높다는 이유에서다.

게임에서 시작된 사이버 폭력이 현실 세계의 범죄로 이어질 때도 있습니다. 이 현상을 흔히 '현피'라고 부르지요. '현피'는 '현실 피케이'의 줄임말로 온라인 게임을 하다가 말다툼이 벌어졌을 때 극도로 흥분하여 실제로 상대방이 있는 곳에 찾아가서 폭행을 가하는 행위입니다. 피케이(PK, Player Kill)란 게임에서 다른 이용자의 캐릭터를 죽이는 것을 말합니다. 심한 현피는 폭행을 넘어서 살인으로 이어지기도 합니다. 이러한 사태를 막기 위해서는 온라인 게임을 할 때 상대방에게 예의를 갖추

월드 오브 워크래프트는 세계적으로 큰 인기를 얻고 있는 MMORPG다. 다른 웹 사이트와 마찬가지로 온라인 게임 사이트를 이용할 때도 개인 정보가 유출되지 않도록 주의해야 한다.

어 행동해야 합니다. 우리는 즐거움을 얻고 스트레스를 풀기 위해 게임을 합니다. 그러니 게임을 하다가 더 큰 스트레스를 받고, 심지어 범죄를 저지르게 되는 일은 지양해야 하겠지요.

사이버 스토킹

이메일이나 메신저, 소셜 네트워크 사이트 등의 전자 매체를 활용하여 한 사람을 계속 쫓아다니면서 괴롭히는 행위를 '사이버 **스토킹**'이라고 합니다. 사이버 폭력 사건을 전문으로 취급하는 변호사 패리 애프탭은 사이버 스토킹을 다음 세 종류로 구분했습니다.

현실 세계의 이별로 인한 사이버 스토킹

연인과 헤어진 뒤 이별을 받아들이지 못하고 이메일이나 문자로 욕설과 비방성 글을 보내는 사람이 적지 않습니다. 설문 조사에 따르면 영국의 10대 청소년 3명 중 1명은 헤어진 남자 친구나 여자 친구에게 협박성 이메일과 문자를 받아 보았다고 합니다. 심하면 두 사람이 예전에 주고받은 사적인 문자나 사진을 다른 친구에게 보내서 퍼트리거나 인터넷에 올리기도 합니다.

로빈 M. 코왈스키의 《사이버 폭력: 디지털 시대의 괴롭힘(Cyber Bullying: Bullying in the Digital Age)》이라는 책 속에는 한 10대 사이버 스토킹 피해자의 증언이 담겨 있습니다.

"헤어진 남자친구가 '너희 집에 찾아가서 가족을 전부 죽여 버리겠다.'는 내용의 메일을 보냈어요. 너무 무서웠어요. 그리고 제 친구에게까지 욕설이 담긴 문자를 보냈더군요. 몹시 기분이 나빴어요."

사이버 세계의 이별로 인한 사이버 스토킹

요즘에는 사이버 공간에서 만난 사람과 사귀고 헤어지는 일도 종종 벌어집니다. 예를 들어 어떤 사람과 인터넷 채팅방에서 만나서 사귀다가 상대가 자신에게 집착하는 모습이 싫어서 헤어졌다고 상상해 봅시다. 하지만 상대는 헤어진 뒤에도 이별을 받아들이지 못하고 집착을 보일 수 있습니다. 사이버 공간에서 계속 쫓아다니며 헤어진 연인을 괴롭힐지도 모르지요. 사이버 세계에서의 이별로 인한 사이버 스토킹의 경우, 예전에 사귀는 동안 상대가 무심결에 흘렸던 개인 정보를 모두 기록해 두거나 헤어진 뒤에 인터넷에서 상대에 대한 정보를 찾아내어 스토킹에 악용하는 스토커도 있습니다.

랜덤형 사이버 스토킹

인터넷에서 다른 사람을 위협하고 괴롭히는 행위 자체를 즐기는 사이버 스토커도 있습니다. 바로 랜덤형 사이버 스토킹을 하는 사람이지요. 이들은 처음부터 상대를 괴롭히고 스토킹하려는 목적으로 인터넷에서 사람을 만납니다. 사실 사이버 스토커와 정상적인 사람을 사전에 정확히 구분할 수 있는 방법은 없습니다. 인터넷에서 만난 사람과는 너무 친해지거나 사적인 이야기를 털어놓지 않도록 하는 정도가 사이버 스토킹을 예방할 수 있는 최선의 방법이지요.

이별을 받아들이지 못하고 상대를
사이버 스토킹하는 사람도 있다.

스토킹 피해자 추적하기

사이버 스토킹은 온라인에서 시작하여 오프라인으로 이어질 가능성
이 있기 때문에 다른 사이버 폭력보다 위험한 편입니다. 우리가 아무리
조심해서 인터넷을 사용하더라도 사이버 스토커는 실명 정보만 있으면
인터넷에서 상대방의 주소와 전화번호 같은 개인 정보를 수집해 냅니
다. 그리고 그 정보를 스토킹에 악용하지요. 휴대 전화 번호를 이용해
상대방의 현재 위치를 알아내서 실제로 스토킹하는 최악의 상황이 벌어
지기도 해요.

해피 슬래핑

'해피 슬래핑(Happy slapping)'은 '해피'라는 말 때문에 가벼운 장난 혹은 재미있는 놀이처럼 들립니다. 하지만 당하는 입장에서 해피 슬래핑은 결코 가벼운 장난이 아닙니다. 해피 슬래핑은 특별한 이유 없이 상대를 폭행하고, 휴대 전화를 이용하여 폭행 장면을 촬영해서 그 동영상을 다른 사람에게 전송하거나 인터넷에 올리는 행위를 가리킵니다. 해피 슬래핑은 실제로 폭행을 행사하는 행위에 더하여 폭행 장면을 불특정 다수에게 공개해 굴욕감을 줍니다. 피해자를 두 배로 괴롭히는 일이지요.

'슬래핑'은 가볍게 철썩 때리는 행동을 의미하지만 해피 슬래핑이 매

사례탐구 왕따 동영상

해피 슬래핑의 대표적인 사례는 '왕따 동영상'이다. 왕따 동영상은 한국을 비롯하여 일본, 중국, 미국 등 전 세계에서 관찰되는 현상이다. 한국의 대표적인 왕따 동영상 사건은 2004년에 일어났다. 당시 한국 사회는 중학생 가해자들이 찍어서 인터넷에 올린 왕따 동영상에 큰 충격을 받았다. 왕따 동영상 사건이 벌어진 중학교의 교장이 자살하는 비극까지 발생했다. 하지만 왕따 동영상은 그 뒤로도 줄기는커녕 늘어만 갔다.

왕따를 당하는 사람은 왕따를 당한다는 사실 자체로 큰 수치심과 고통을 겪는다. 게다가 자신이 왕따를 당하는 장면이 인터넷을 통해 퍼져 나가면 세상의 모든 사람이 자신을 비웃는 듯한 절망감을 느끼게 된다. 왕따 동영상은 왕따 피해자에게 몇 곱절의 고통을 주는 범죄 행위다.

휴대 전화나 메신저를 통해 폭행 장면이 담긴 사진 또는 동영상을 받아본 적이 있는가? 이러한 사진과 동영상을 다른 사람에게 전달하거나 인터넷에 올리는 일도 사이버 폭력이고 범죄 행위다.

우 심각한 결과를 야기할 때도 있습니다. 트리스톤 크리스마스라는 18살 소년이 밤에 길을 가다가 한 무리의 청년들에게 폭행을 당했습니다. 그들은 폭행 장면을 휴대 전화로 촬영했지요. 트리스톤은 폭행을 당하는 과정에서 넘어지면서 콘크리트 바닥에 머리를 부딪혀 사망했습니다. 청년들은 트리스톤이 입과 귀에서 피를 흘리며 쓰러져 있는 동안에도 낄낄거리며 촬영을 계속했고, 파티에 가서 다른 친구들과 그 동영상을 돌려 보았다고 합니다. 결국 이들은 경찰에 체포되어 법정에 섰습니다. 경찰 조사 결과 이 청년들이 트리스톤 외에도 다른 사람을 상대로 이러한 범죄를 여러 번 저질렀던 사실이 드러났습니다.

해피 슬래핑은 전자 매체와 **물리적 폭력**이 결합한 새로운 형태의 사이버 폭력입니다. 알다시피 어떤 상황에서든 물리적 폭력은 법을 위반하는 범법 행위지요. 게다가 해피 슬래핑은 폭행 장면을 동영상으로 촬영하는 행위를 포함합니다. 나중에 이 동영상이 경찰이나 법원에 범죄 증거로 제출되는 경우가 많지요.

그 밖의 위험 요소

지금까지 청소년 사이에서 나타나는 다양한 사이버 폭력의 형태에 대해 알아보았습니다. 하지만 청소년만 사이버 폭력의 가해자가 되지는 않습니다. 어른 중에서도 앞서 설명한 방법으로 청소년을 괴롭히는 이들이 많지요. 인터넷은 편리하고 장점이 많지만, 이를 악용하는 사람 또한 어디에나 있습니다. 따라서 인터넷상에서는 항상 조심해서 개인 정보를 관리하고 행여 사이버 폭력을 당하면 믿을 수 있는 어른에게 재빨리 알려야 합니다.

간추려 보기

- 사이버 폭력의 유형으로는 휴대 전화, 이메일, 채팅방, 온라인 게임, 웹 사이트, 소셜 네트워크 사이트를 통해 이루어지는 사이버 폭력과 사이버 스토킹, 해피 슬래핑 등이 있다.
- 사이버 폭력은 온라인상에만 영향을 미치는 범죄가 아니다. 사이버 스토킹, 해피 슬래핑 같은 사이버 폭력은 현실 세계에서도 심각한 피해를 입힐 수 있다.
- 사이버 폭력을 당하지 않으려면 무엇보다 자신의 개인 정보를 철저하게 관리해야 한다.

사이버 폭력의 가해자

사이버 폭력은 신분이 드러나지 않는 온라인상에서 벌어집니다. 그래서 사이버 폭력의 가해자는 현실 세계의 집단 폭력 가해자보다 죄책감을 덜 느끼지요. 하지만 사이버 폭력은 피해자에게 매우 큰 상처를 줍니다. 이 사실을 명심하고 사이버 폭력에 가담하지 않도록 주의해야 합니다.

사이버 폭력의 가해자가 사이버 공간에서 다른 사람을 괴롭히는 이유는 무엇일까요? 사이버 폭력의 가해자와 현실 세계의 학교 폭력 가해자 사이에는 유사점이 많습니다.

일반적인 학교 폭력 가해자 유형

일반적인 학교 폭력의 가해자는 다음과 같이 분류할 수 있습니다. 이 중에서 여러분이 아는 유형 혹은 겪어 본 유형이 있나요?

- 가식형: 앞에서는 친한 척하면서 뒤로 몰래 괴롭히는 유형입니다. 피해자가 모르게 조용히 악의적인 소문을 퍼트리는 등 비열한 방법을 많이 사용합니다.
- 자기 과시형: 타인에게 권력을 행사하는 자신의 모습에 희열을 느끼는 유형입니다. 이 유형은 다른 사람 앞에서 과시하는 것을 좋아하기 때문에 사람들이 모여 있는 공개된 장소에서 상대를 괴롭히는 경우가 많습니다.
- 계산형: 자신의 행동에 상대가 어떻게 반응할지를 철저하게 계산하고 괴롭히는 유형입니다. 어떻게 해야 자신이 멋있어 보일지를

잘 알기 때문에 겉으로 보이는 모습을 꾸며내지만, 그것이 실제 모습은 아니지요. 계산형은 철저한 계획을 세워 사람을 괴롭히며 직접 전면에 나서지 않는 특징이 있습니다.

• 피해자형: 예전에 학교 폭력의 피해자였던 경험이 있는 유형입니다. 모순적이게도 다른 사람을 괴롭히는 가해자 중에는 과거에 괴롭힘을 당해 본 이들이 많아요.

• 동조형: 친구를 따라 다른 사람을 괴롭히는 유형입니다. 동조형은 혼자 있을 때는 아무것도 하지 못하면서 친구들과 함께 있을 때는 다른 사람을 괴롭힙니다. 폭력과 괴롭힘이 잘못된 행동이라는 것을 알면서도 무리에 끼어서 인정받기 위해 동참하지요. 이처럼 친구를 따라 행동하는 것을 '또래 집단 압력'이라고 합니다.

• 조직형: 조직적으로 다른 사람을 괴롭히는 유형입니다. 조직 안에서 자신의 권력을 유지하는 수단으로 폭력을 활용합니다.

자기 과시형은 남 앞에서 과시하기를 좋아한다. 그래서 굳이 사람들이 모여 있는 공개된 장소에서 다른 사람을 괴롭히는 경향이 있다.

사이버 폭력 가해자 유형

사이버 폭력 가해자 중에서만 찾아볼 수 있는 특이한 유형도 있습니다.

- 몰래 괴롭히는 유형: 사이버 공간의 가해자 중에는 현실 세계에서 온순하고 모범적인 사람이 많습니다. 이 유형은 사이버 공간에서는 익명성이 보장되기 때문에 피해자에게 자신의 모습을 숨길 수 있고, 따라서 정체가 밝혀질 가능성이 낮다고 믿습니다. 그래서 현실 세계에서보다 쉽게 다른 사람을 괴롭히지요.

- 권력 추구형: 현실 세계에서 다른 학생을 괴롭히는 학교 폭력 가해자와 가장 유사한 유형입니다. 이들은 남들 앞에서 과시하기를 좋아하며 강해 보이고 싶어 하기 때문에 절대 자신의 존재를 감추지 않습니다. 드러내 놓고 다른 사람을 비방하거나 공격하는 식이지

요. 몸이 약해서 현실에서는 다른 사람을 괴롭히지 못하고 인터넷 상에서만 힘을 과시하는 사람도 이 유형에 속합니다.

- 복수심에 불타는 유형: 인터넷을 복수의 수단으로 여기는 유형입니다. 이들은 대부분 예전에 학교 폭력을 당한 경험이 있고, 사이버 폭력을 자신이 가해자에게 반격할 수 있는 유일한 수단으로 여기지요.

- 심심해서 괴롭히는 유형: 단순히 심심해서 사이버 폭력을 하는 유형입니다. 이 유형에게는 실제로 다른 사람을 괴롭히는 일 자체보다 자신이 재미있는 시간을 보내는 것이 더 중요합니다. 재미있는 시간을 보내기 위한 수단이 사이버 폭력인 것뿐이지요. 이들은 사이좋은 친구들 사이에 끼어들어서 서로 따돌리고 괴롭히도록 조장하기도 합니다.

- 의도치 않게 괴롭히는 유형: 의도하지 않았지만 다른 사람에게 상처를 주게 되는 경우도 있습니다. 누군가 다른 사람을 사칭해서 보낸 악의적인 이메일에 속아서 욕설이나 비방이 섞인 답장을 하면 자신도 알지 못하는 사이에 사이버 폭력에 동참하는 셈이 되지요. 답장을 받은 사람은 아무것도 모르고 기분 나쁜 메일을 받은 것이니까요. 이때 일차적인 가해자가 피해자를 사칭해 악의적인 이메일을 보낸 사람이라는 사실은 분명합니다. 하지만 여러분 역시 가해자입니다. 또 의도와 다르게 상대방의 기분을 상하게 하거나 상처 주는 말을 내뱉는 실수를 할 수도 있습니다. 실수라고 해도 피해자가 받는 상처의 크기는 줄지 않지요.

집중탐구 숨어 있는 가해자

　자신이 직접 나서지 않고 뒤에서 다른 사람을 조종하는 가해자 유형도 있다. 일종의 대리인을 두는 것이다. 이때 대리인은 자신이 사이버 폭력에 동참하고 있다는 사실을 인지하지 못한다. 이 '숨어 있는 가해자'가 사이버 폭력을 저지르는 예를 살펴보자.

- 다른 사람의 이메일 계정에 몰래 접속하거나 비슷한 계정을 만들어서 상대인 척 가장하고 친구들에게 악의적인 이메일을 보낸다. 그러면 이메일을 받은 사람들은 실제로 자기 친구가 이메일을 보냈다고 생각하고 그 친구를 따돌리기 시작한다.

- 상대가 웹 사이트 규정에 어긋나는 글을 올리도록 도발하고, 도발에 넘어간 상대가 규정에 어긋난 글을 올리면 사이트 관리자에게 신고한다. 가해자가 피해자를 도발했다는 사정을 미처 파악하지 못한 사이트 관리자는 규정에 어긋난 글을 올린 사람, 즉 피해자를 **강제 탈퇴**시킨다. 이렇게 인터넷에서 다른 사람을 의도적으로 괴롭히는 사람을 트롤(Troll)이라고 부른다.

- 상대방의 개인 정보를 인터넷에 공개하는 행동이 가장 위험하다. 숨어 있는 가해자는 기존에 존재하던 웹 사이트에 피해자의 개인 정보를 올리기도 하지만 때로는 개인 정보를 공개하려는 의도로 새로운 웹 사이트를 만들기도 한다. 인터넷에 개인 정보가 공개되면 완전히 삭제하기가 매우 어렵고, 범죄에 악용될 소지가 있다.

사이버 폭력을 하고 있나요?

지금까지 살펴본 방법으로 사이버 공간에서 다른 사람을 괴롭힌 적이 있나요? 사이버 폭력을 그만두려면 어떻게 해야 할까요?

사이버 폭력을 혼자서 하고 있다면 어렵지 않게 그만둘 수 있습니다. 하던 행동을 멈추기만 하면 되니까요. 하지만 친구들에게 휩쓸려 사이버 폭력에 가담하게 될 때도 많습니다. 자기도 모르게 친구들과 집단으로 누군가를 괴롭히고 있다면 설사 그 행동이 잘못된 것이라는 사실을 깨달았다고 해도 마음대로 그만두기 어렵습니다. "그만둬! 나는 이제 그만 할래."라고 말하기란 쉽지 않은 일이지요. 실제로 사이버 폭력에 가담한 많은 사람이 자신은 단지 받은 이메일을 다른 친구에게 전달하고, 친구들이 하는 대로 따라했을 뿐이라며 억울함을 호소합니다.

▌여러 명이 한 사람을 괴롭히는 집단 폭력에 맞서는 일은 매우 힘들지만 옳은 행동이다.

그러나 자의에 의해서든 타의에 의해서든 자신이 잘못된 일을 하고 있다는 사실을 깨달았다면 그 행동을 멈출 줄도 알아야 해요. 우리는 그러한 행동을 용기 있다고 칭찬하지요. 게다가 심각한 사이버 폭력을 비롯한 많은 범죄 행위는 가해자의 의도와 관계없이 법적 처벌의 대상이 됩니다.

얼마나 많은 청소년이 사이버 폭력을 저지르나요?

조사마다 다소 차이는 있지만, 대략 청소년 3명 중 1명이 사이버 폭력에 가담한 경험이 있는 것으로 나타났습니다. 이메일로 거짓 소문을

사례탐구 *"그냥요."*

도서관에서 공부하는 학생들에게 인터넷에서 금지된 나쁜 짓을 해 본 적이 있는지, 해 보았다면 무슨 일이었는지 질문했다. 수줍음을 많이 타는 한 남학생이 손을 들었다. 그 남학생은 다른 사람에게 '죽이겠다.'는 내용의 협박성 이메일을 보낸 적이 있다고 대답했다.

그 남학생은 현실에서는 성실하게 학교생활을 하고 다른 사람을 다치게 할 생각은 꿈에도 하지 않을 것 같은 모범생이었다. 평범한 모범생이 왜 그런 협박 메일을 보냈을까? 남학생은 "그냥요."라고 대답했다. 그 학생은 자신이 인터넷상에서 다른 사람인 척 가장했기 때문에 발각되지 않을 거라고 확신했다고 한다. 그리고 자신의 행동이 상대방에게 얼마나 큰 상처를 주었을지 전혀 고민하지 않았으며, 당연히 죄책감도 느끼지 않았다고 말했다.

('www.stopcyberbullying.org'에서 사례 발췌)

퍼트리거나 인터넷에 악의적인 글 혹은 댓글을 게시하는 방법이 가장 일반적이었지요. 지금까지 인터넷에 올린 글과 인터넷상에서 한 행동을 돌이켜 보세요. 의도적으로든 의도치 않게든 다른 사람을 괴롭힌 적이 있나요?

친구가 사이버 폭력에 가담하고 있나요?

여러분은 사이버 공간에서 다른 사람을 괴롭힌 적이 없나요? 그렇다면 친구는 어떤가요? 자신은 사이버 폭력에 가담하지 않았지만 친구가 사이버 폭력을 저지르고 있는 경우도 있습니다. 주위에 사이버 폭력을 휘두르는 친구가 있다면 이야기를 나눠 보세요. 혼자 이야기를 꺼내기가 어려우면 다른 친구들과 함께 이야기할 수 있는 자리를 마련해 보세요. 여럿이 함께하면 편안하게 이야기를 꺼내기가 훨씬 쉬워지니까요.

가장 흔하게 벌어지는 사이버 폭력의 형태

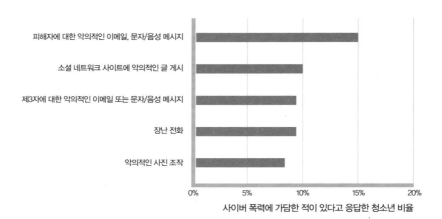

사이버 폭력에 가담한 적이 있다고 응답한 청소년 비율

친구가 누군가에게 사이버 폭력을 가하고 있다고 해서 반드시 그 친구를 나무랄 필요는 없습니다. 자신의 행동이 타인에게 얼마나 상처가 되는지 전혀 자각하지 못하고 사이버 폭력을 저지르는 사람이 많으니까요. 하지만 장난이나 재미 삼아 하는 사이버 폭력이 당하는 입장에서는 악의를 갖고 하는 사이버 폭력보다 훨씬 괴롭게 다가올 수 있습니다. 피해자에게는 죽고 싶을 만큼 괴로운 일이 가해자에게는 단순한 장난에 불과했다는 사실을 알면 더 큰 충격을 받게 되기 때문이지요.

많은 청소년이 일단 자신이 했던 행동이 사이버 폭력이라는 사실을 깨닫고 나면 온갖 변명으로 자신의 행동을 정당화합니다. 보통 자기는 다른 친구를 따라했을 뿐이라든가 상대가 괴롭힘을 당할 만한 사람이었다고 변명하지요. 친구가 이러한 변명을 한다면 피해자의 입장에서 생각해 보도록 유도해 보세요. 사이버 폭력의 경우 괴로워하는 피해자의 모습을 눈으로 직접 볼 수 없기 때문에 지금 내가 하는 행동이 상대방에

알아두기

청소년은 또래 집단에 들어가 그 무리의 일원으로 인정받는 과정을 매우 중요하게 생각한다. 친구에게 메신저로 말을 걸거나 문자 메시지를 보냈는데 바로 답장이 오지 않아서 무시당했다고 생각한 적이 있는가?

실제로 의도적으로 문자 메시지를 무시하고 지속적으로, 혹은 단체로 답장을 하지 않는다면 사이버 폭력이라고 판단할 수 있다. 하지만 단순히 답장하는 것을 잊었거나, 답장을 받지 못하면 상대방의 기분이 상한다는 데까지 생각이 미치지 못해 답장을 하지 않는 경우도 있다는 사실을 기억하자.

게 얼마나 큰 상처가 되는지 짐작하기 어려우니까요.

그래도 친구가 사이버 폭력을 그만두지 않는다면 혹시 사이버 폭력을 계속하는 다른 이유가 있는지 알아보아야 합니다. 예전에 집단 폭력을 당한 경험이 있어서 복수심에 다른 사람을 괴롭히는 것일지도 모르기 때문입니다.

친구의 사이버 폭력을 도저히 막을 수 없다면 그때는 어른에게 알리는 방법도 고려해야 합니다. 물론 우리가 어른에게 자신의 잘못된 행동을 알렸다는 사실을 친구가 알면 우정에 금이 가기 쉽습니다. 고자질을 했다고 생각할 수도 있어요. 그래서 어른에게 알리는 일은 쉽게 선택하기 어려운 방법이지요. 하지만 사이버 폭력은 피해자는 물론 가해자에게도 큰 상처를 남깁니다. 따라서 우리는 친구가 사이버 폭력을 그만둘 수 있도록 최대한 도와주어야 합니다.

간추려 보기

- 사이버 폭력의 가해자 유형은 현실 세계의 학교 폭력 가해자 유형과 다르다. 사이버 폭력 가해자 유형으로는 몰래 괴롭히는 유형, 복수심에 불타는 유형, 심심해서 괴롭히는 유형 등이 있다.
- 조사에 따르면 청소년 3명 중 1명이 사이버 폭력에 가담한 적이 있다고 한다. 사이버 폭력은 피해자에게 매우 큰 상처를 주는 행위다. 우리는 사이버 폭력을 하지 않아야 하며, 만약 친구가 사이버 폭력에 가담하고 있다면 말려야 한다.

사이버 폭력의 피해자

누구나 사이버 폭력을 당할 수 있습니다. 사이버 폭력은 불특정 다수를 대상으로도
자행되기 때문이지요. 사이버 폭력을 당하면 너무 힘들고 괴롭습니다. 사이버 폭력의
피해자는 심할 경우 스스로 목숨을 끊는 극단적인 선택을 하기도 하지요.

누구나 사이버 폭력의 피해자가 될 수 있습니다. 특히 길거리에서 행인을 폭행하고 그 장면을 동영상으로 촬영해 인터넷에 올리는 해피 슬래핑, 채팅방이나 온라인 게임 사이트에서 다른 사람을 괴롭히는 플레이밍 등은 불특정 다수를 대상으로 벌어지는 경우가 많기 때문에 아무리 조심해도 피해를 입을 위험이 존재하지요. 하지만 사이버 폭력은 서로 아는 사이나 친구들 사이에서 더 많이 발생합니다.

만만한 상대

현실 세계에서는 외모나 행동이 독특해서 무리 중에 눈에 띄는 이들이 부당한 괴롭힘의 대상이 되기도 합니다. 그래서 피부색이 다르거나, 신체적 장애가 있거나, 동성애자처럼 보이는 친구들이 학교 폭력의 피해를 많이 입지요.

그런데 현실 세계에서 괴롭힘을 당하는 사람의 상당수는 사이버 공간에서도 괴롭힘을 당합니다. 사이버 공간에서든 현실 세계에서든 주로 **자존감**이 낮고 소극적이며 자기주장이 약한 이들이 피해자가 되지

현실 세계에서는 피부색이 다르거나 몸이 허약한 친구들이 특히 괴롭힘을 당한다. 하지만 사이버 공간에서는 누구나 사이버 폭력의 대상이 될 수 있다.

요. 아무런 잘못도 하지 않았는데 말이에요. 가해자는 피해자가 **콤플렉스**로 여기는 부분을 약점으로 삼아 괴롭히고는 합니다.

교사도 사이버 폭력의 대상

학교 폭력은 학생들 사이에서만 벌어지는 일이라고 생각하기 쉽습니다. 하지만 사이버 공간에서는 교사도 피해자가 될 수 있습니다. 교사를 대상으로 실시한 설문 조사에 따르면 전체 응답자의 4분의 1이 교사를 괴롭히려는 의도로 만들어진 웹 사이트가 있다는 사실을 알고 있었습니다. 학생이 교사를 사칭해 가짜 웹 사이트나 소셜 네트워크 프로필을 만들어서 헛소문을 퍼트리고 악의적인 글을 올리기도 합니다. 학교 측은 학생이 선생님을 괴롭히는 행위를 매우 심각하게 받아들입니다.

알렉스는 뉴질랜드의 작은 마을에 사는 활발하고 명랑한 여학생이었다. 하지만 어느 날 학교 선배들이 알렉스에게 욕설과 비방, 협박이 담긴 이메일과 문자 메시지를 보내기 시작하면서 사이버 폭력에 시달리게 되었다. 몇 달 동안 사이버 폭력이 계속되자 알렉스는 자신이 받은 악의적인 이메일과 문자 메시지를 어머니에게 보여주었고, 알렉스의 어머니는 알렉스가 다니는 학교에 도움을 요청했다. 학교 측은 가해자의 부모를 학교로 불러 자녀가 사이버 폭력을 그만두게 해 달라고 부탁했으나 폭력은 멈추지 않았다. 결국 알렉스는 2006년 새 학기가 시작하기 하루 전날 스스로 목숨을 끊고 말았다. 당시 알렉스의 나이는 겨우 12살이었다.

알렉스의 어머니 딘 테카는 이렇게 말했다. "사람들은 자신이 아무것도 잘못하지 않아도 괴롭힘을 당할 수 있다는 걸 알아야 해요. 이유 없이 폭력을 당할 수도 있어요."

따라서 이러한 행위가 사실로 확인될 경우 가해자는 퇴학을 당하거나 법적 소송을 당하기도 하지요.

사이버 폭력의 가해자는 손쉽게 다른 사람인 척 가장하거나 신분을 속일 수 있습니다. 그래서 현실 세계에서는 괴롭히지 못할 사람을 공격의 대상으로 삼기도 하지요. 평소 인기가 많아서 현실에서는 괴롭힘을 당하지 않는 학생이나 선생님도 사이버 세계에서는 사이버 폭력의 위험에 노출되어 있습니다.

남학생과 여학생

원래 물리적 폭력과 협박을 동반하는 학교 폭력은 여학생보다 남학생 사이에서 더 빈번하게 발생했습니다. 하지만 사이버 폭력은 남학생보다 여학생 사이에서 더 많이 나타납니다.

영국의 10대 청소년을 대상으로 실시한 설문 조사에 따르면 사이버 폭력을 당한 경험이 있느냐는 질문에 '그렇다'고 답한 남학생은 전체의 10퍼센트, 여학생은 이보다 2배 많은 21퍼센트였습니다. 사이버 폭력에 가담한 적이 있는지를 조사한 설문에 '그렇다'고 대답한 비율도 여학생이 약간 높았고요.

한국도 마찬가지입니다. 한국의 남학생 중 사이버 폭력을 당한 적이 있다고 응답한 비율은 2퍼센트에 불과합니다. 하지만 여학생은 16퍼센트가 사이버 폭력의 피해를 입었다고 해요. 주목해 볼 만한 점은 스마트폰을 많이 사용하는 학생일수록 사이버 폭력에 휘말릴 위험이 크다는 사실입니다. 스마트 폰 중독 위험이 큰 집단은 그렇지 않은 집단보다 사이버 폭력을 당할 가능성이 3배, 사이버 폭력의 가해자가 될 가능성이 6배나 높습니다.

남학생과 여학생은 사이버 폭력의 형태에서도 차이를 보였습니다. 남학생은 장난 전화를 걸거나 상대방을 폭행하는 장면을 동영상으로 촬영하는 방법으로 사이버 폭력을 저지르는 경우가 많았고 여학생은 주로 문자 메시지나 메신저, 이메일을 이용했습니다. 여학생 중에는 다른 친구에게 사이버 폭력의 피해자를 험담하는 메시지를 보내는 사례도 많았지요.

여학생 10명 중 4명이 소셜 네트워크 사이트는 일상생활의 중요한 부분이라고 답했다. 이는 사이버 폭력이 많이 일어날 수밖에 없는 조건이다.

사이버 폭력은 왜 괴로울까요?

사이버 폭력을 당하면 너무 힘들고 괴롭습니다. 심한 경우 사이버 폭력의 피해자는 스스로 목숨을 끊는 극단적인 선택을 하기도 하지요. 사이버 폭력을 겪으면 왜 이렇게 괴로울까요?

사이버 폭력의 가장 큰 문제는 벗어날 길이 도무지 보이지 않는다는 점입니다. 우리는 '항상 켜져 있는' 사회에 살고 있습니다. 오늘날 우리는 어디를 가든 휴대 전화를 가지고 다니고, 언제 어디서나 인터넷을 사용할 수 있지요. 이는 언제 어디에서나 사이버 폭력으로 괴롭힘을 당할 수 있다는 의미이기도 합니다. 휴대 전화를 꺼 놓아도 문자 메시지가 수신되는 것은 피할 수 없고, 웹 사이트에 비방성 글이나 악의적으로 조작한 사진을 올리면 누구나 24시간 내내 이 글과 사진을 볼 수 있습니다.

매우 심각한 상황이지요.

사이버 폭력의 다른 문제는 가해자가 누구인지 알기 어렵다는 점입니다. 누가 자신을 괴롭히는지 모르면 자연히 주변 친구를 의심하게 됩니다. 그러다 보면 결국 누구도 믿을 수 없게 되지요.

사이버 폭력과 자살

사이버 폭력을 당하면 정신적, 심리적으로 큰 상처를 입게 됩니다. 사이버 폭력으로 괴로워하다가 스스로 목숨을 끊는 사례도 많지요. 사이버 폭력에 시달린 청소년은 그렇지 않은 청소년에 비해 자살률이 2배나 높은 것으로 나타났습니다.

13세의 메간 마이어는 강아지와 힙합, 수영을 좋아하고 남자 친구를

요즘 휴대 전화 같은 전자 매체를 잠시도 손에서 놓지 못하는 청소년이 많다. 하지만 전자 매체에서 잠시 벗어나 친구와 어울리는 것도 스트레스를 푸는 좋은 방법이다.

사귀고 싶어 하는 평범한 여학생이었습니다. 메간에게는 여느 10대 청소년과 비슷한 고민거리도 있었습니다. 메간은 자신이 너무 뚱뚱하다고 생각했고, 이로 인해 우울증에 걸려서 심리 치료를 받기도 했거든요.

하지만 2006년 11월에 들어서며 메간의 상태는 많이 호전되었습니다. 살을 빼고, 새로운 학교에서 친구를 사귀고, 배구팀에도 들어갔지요. 무엇보다 '마이스페이스'라는 소셜 네트워크 사이트를 통해 조쉬 에반스라는 또래 남학생을 알게 되었어요. 조쉬는 플로리다에서 이사 온 지 얼마 되지 않았기 때문에 아직 집에 전화를 놓지 않았고, 학교는 다니지 않는다고 자신을 소개했습니다. 그래서 메간은 인터넷 메시지를 통해서만 조쉬와 연락할 수 있었지요.

메간은 조쉬와 계속 메시지를 주고받았습니다. 그러던 어느 날 조쉬가 "네 친구에게 너에 대한 안 좋은 소문을 들었어. 이제 너랑 연락하고 싶지 않아."라는 메시지를 보내왔습니다.

메간은 깜짝 놀랐고 조쉬가 누구에게 무슨 말을 들었다는 것인지 몰라서 답답하기도 했습니다. 조쉬는 마이스페이스로 계속 욕설이 담긴 메시지를 보냈어요. 메간의 어머니는 괴로워하는 딸에게 그런 메시지는 무시해 버리고 인터넷을 그만하면 문제가 해결될 거라고 말할 뿐이었습니다. 메간은 알겠다고 대답했지만 실제로는 컴퓨터에서 손을 떼지 못했지요. 시간이 지나면서 메간의 괴로움은 커졌습니다. 조쉬를 포함하여 다른 사람까지 메간에게 욕설과 비방성 메시지를 보내기 시작한 것입니다. 조쉬가 메간과 주고받았던 사적인 메시지를 다른 사람들과 공유했기 때문이었어요.

메간 마이어의 생전 모습이다. 메간의 어머니 티나는 메간이 사이버 폭력에 시달리기 전까지 생애 가장 행복한 나날을 보내고 있었다고 말했다.

　하루는 외출했다가 집에 돌아온 메간의 어머니가 컴퓨터 앞에 앉아 짜증을 내면서 악의적인 메시지에 답변하고 있는 메간의 모습을 보았습니다. 메간의 어머니는 또 인터넷을 한다고 딸을 야단쳤고, 메간은 화가 나서 자기 방으로 들어가 버렸습니다. 20분이 지난 뒤 딸이 괜찮은지 보려고 방으로 간 메간의 어머니는 밧줄에 목을 매단 딸을 발견했습니다. 메간은 다음 날 숨을 거두었습니다.

　메간이 죽은 뒤 메간의 부모님은 조쉬와 연락을 시도했습니다. 그러나 조쉬의 마이스페이스 계정은 이미 폐쇄된 상태였습니다. 시간이 흐르고 메간의 부모님은 조쉬라는 남학생이 애초에 존재하지 않는 인물이었다는 사실을 밝혀냈습니다. 조쉬는 메간 친구의 어머니가 만들어낸 허구의 인물이었어요. 메간 친구의 어머니는 메간이 자기 딸에 대해 뭐라고 말하는지 알아내려고 조쉬라는 남학생인 척 가장해 메간에게 접근했다고 자백했습니다. 당시는 아직 사이버 폭력에 관한 법이 제정되지 않았던 때였고, 따라서 메간의 죽음으로 인해 처벌받은 사람은 아무도 없었어요.

이 비극적인 사건이 일어난 뒤 메간의 부모님은 사이버 폭력의 위험성을 알리기 위해 '메간 마이어 재단'을 설립했습니다. 메간의 어머니 티나는 미국 전역을 돌아다니며 청소년에게 사이버 폭력의 위험을 알렸지요. 이 사건으로 인해 미국에서는 '메간 마이어 사이버 폭력 방지법'이 제정되었습니다.

간추려 보기

- 사이버 폭력의 대상은 보통 자존감이 낮고 자기주장을 잘하지 못하는 사람이다. 하지만 사이버 폭력은 누구든지 피해자가 될 위험이 있다. 현실에서 인기가 많은 학생이나 교사도 사이버 폭력의 대상이다.
- 사이버 폭력의 피해자는 24시간 내내 괴롭힘을 당하고 가해자가 누구인지조차 확실히 알 수 없다. 따라서 피해자는 매우 큰 고통을 받으며, 극단적인 경우 스스로 목숨을 끊기도 한다.

정신적 상처 치유하기

사이버 폭력을 당하면 무엇보다 정신적 상처를 치유하는 일이 중요합니다. 정신적 상처를 치유하려면 사이버 폭력을 당한 것은 피해자의 잘못이 아니라는 사실을 인정해야 합니다. 사이버 폭력에 대처하는 방법을 알려 주는 웹 사이트와 재단의 도움을 받을 수도 있지요.

사이버 폭력을 당하면 정신적으로 큰 상처를 입게 됩니다. 그래서 사이버 폭력에서 벗어나는 일 자체만큼 정신적 상처를 치유하는 일도 중요하지요. 사이버 폭력으로 인한 상처는 어떻게 치유할 수 있을까요?

대화 나누기

무엇보다 사이버 폭력을 당하는 것은 피해자의 잘못이 아니라는 사실을 기억해야 합니다. 주위를 둘러보면 우리의 이야기를 들어 줄 사람이 많아요. 믿을 수 있는 친구나 어른과 사이버 폭력에 관한 이야기를 나누는 일부터 시작해 보세요. 우리를 잘 알고 있는 친구나 어른은 가장 적실한 충고를 해 줄 수 있습니다. 물론 어른에게 말하기가 어려울 수도 있습니다. 하지만 사이버 폭력의 종류에 따라 어른의 도움을 꼭 받아야 하는 경우가 있지요.

기타 도움의 손길

사이버 폭력에 대처하는 방법을 알려 주는 웹 사이트와 청소년 폭력

주위 사람들에게 사이버 폭력을 당하고 있다고 털어놓기란 쉽지 않다. 하지만 다른 사람과 이야기를 나누다 보면 혼자 버려진 기분을 덜 수 있다.

예방 재단 같은 기관의 도움을 받을 수도 있습니다. 이러한 웹 사이트와 재단은 사이버 폭력에서 벗어나고 상처를 극복한 사람들의 사례를 함께 소개합니다.

소셜 네트워크 사이트를 비롯해 우리가 이용하는 대부분의 웹 사이트는 기본적으로 사용자에게 개인 정보를 보호하고 안전하게 인터넷을 사용하는 방법을 공지하고 있습니다. 요즘에는 사이버 폭력을 방지하거나 사이버 폭력에서 벗어나는 방법을 함께 알려 주는 사이트도 많아요(100쪽 더 알아보기를 참고하세요).

절대 침묵 속에서 혼자 괴로워해서는 안 됩니다. 아무리 절망스럽고 스티브는 몇 년 동안 학교 폭력을 겪었다. 현실 세계에서 당한 뚱뚱하다는 놀림과 물리적 폭행은 곧 소셜 네트워크 사이트에서의 사이버 폭력으로 이어졌다. 스티브는 너무 괴로워서 13살 때 스스로 목숨을 끊으려는 생각도 했다. 스티브는 "오랫동안 괴롭힘을 당하다 보니 내가 쓸모없는 존재라고 느껴졌어요. 나 자신이 미워지고 살기 싫었어요."라고 회상했다.

하지만 스티브는 자살을 선택하는 대신 친구들과 선생님에게 '괴롭힘을 당하고 있으니 벗어날 수 있도록 도와 달라.'고 요청했다. 그리고 이 도움에 힘입어 공부에 전념해서 자신을 괴롭히는 아이들에게 맞서기로 결심했다. 결국 스티브는 학교 대표가 되었고, 자신의 경험을 토대로 학교 내 폭력에 시달리는 학생을 상담해 주는 학교 폭력 퇴치 프로그램을 설치했다. 학생들은 이 상담 프로그램을 통해 자신의 피해 경험을 공유할 수 있게 되었다.

힘들어도 주변에는 늘 도움의 손길을 내밀어 줄 사람과 사이버 폭력에서 벗어날 방법이 있습니다. 사이버 폭력으로 힘들어하는 사람은 여러분 혼자만이 아닙니다.

괴롭힘 당하는 친구 도와주기

사이버 폭력을 당하는 우리 주위의 친구를 어떻게 도와줄 수 있을까요? 사이버 폭력을 당하는 친구 중에는 아무에게도 그 사실을 털어놓지 못하고 혼자 괴로워하는 이들이 많습니다. 괴롭힘을 당하는 자체를 창피해하거나 자신이 잘못한 일이 있어서, 즉 당할 만해서 사이버 폭력을

우리 주위에 있는 조용하고 평범한 친구가 사이버 폭력으로 괴로워하고 있을지 모른다.

겪고 있다고 믿기 때문이지요. 또 사이버 폭력의 특성상 누가 자신을 괴롭히고 있는지 알 수 없어서 말을 꺼내지 못하는 경우도 있습니다. 누구를 믿어야 할지 모르니까요. 친구가 우리를 진심으로 믿는다면 자신이 사이버 폭력을 당하고 있다는 고민을 털어놓을 수 있겠지요. 그러니 늘 친구에게 신뢰를 주는 사람이 되도록 노력해야 합니다.

곁에 있어주기

사이버 폭력을 당하면 정신적으로 매우 불안정해집니다. 그래서 악의적인 문자 메시지, 이메일을 보내는 사람의 전화번호나 이메일 주소를 차단한다는 간단한 방법조차 미처 떠올리지 못할 때가 있지요. 이럴 때는 여러분이 기본적인 대응 방법을 알려 주고, 친구가 사이버 폭력에서 벗어나도록 도와주세요. 단, 친구를 도와주다가 자신까지 사이버 폭

집중탐구 사이버 폭력의 징후

사이버 폭력을 당하는 친구의 행동에서 다음과 같은 **징후**를 확인할 수 있다.

- 예전과 달리 학교가 끝나면 바로 집으로 돌아가서 밖에 나오지 않는다.
- 인터넷 사용 패턴이 바뀐다. 예전보다 인터넷을 훨씬 많이 사용하거나 반대로 전혀 사용하지 않는다.
- 인터넷으로 무엇을 하는지 말해 주지 않는다. 그 외에도 예전에는 이야기하던 것을 전혀 이야기하지 않는다. 컴퓨터를 하다가 누군가 다가오면 인터넷 창을 닫아 버린다.
- 친구와 함께 있을 때 휴대 전화가 오면 받지 않고, 문자 메시지가 와도 바로 확인하지 않는다.
- 친구들과 어울리지 않는다.
- 결석을 자주 하고 성적이 떨어진다.

이러한 갑작스러운 행동 변화는 사이버 폭력의 징후일 수 있다. 이때는 다른 친구들도 이러한 변화를 눈치챘는지, 사이버 폭력을 당하고 있다고 의심되는 친구가 사이버 폭력을 당하고 있다고 고백한 적이 있는지 물어보아도 된다. 하지만 10대 청소년은 사이버 폭력이 아닌 다른 고민을 가지고 있을 때도 위와 같은 징후를 보이므로 주의해야 한다. 섣부른 판단 때문에 친구가 더 큰 상처를 받을 수도 있다.

력에 휘말리지 않도록 조심해야 합니다. 자칫 잘못하면 문제를 더 복잡하게 만들거나 자기까지 사이버 폭력을 당하게 될 수도 있거든요. 우리가 사이버 폭력을 당하는 친구에게 해 줄 수 있는 최선의 행동은 좋은 친구로서 곁을 지켜 주는 것입니다.

사이버 폭력의 심각성 알리기

사이버 폭력의 심각성을 알리는 일은 현재 괴롭힘을 당하고 있는 친구는 물론이고 우리 모두에게 중요하다. 학교 내에서 사이버 폭력이 문제가 되고 있다면 학교에 사이버 폭력의 심각성을 알리는 프로그램을 만들도록 건의할 수 있다. 이러한 프로그램은 사이버 폭력을 당하는 친구에게는 사이버 폭력에 대처하고 도움을 청하는 방법을 제공하고, 사이버 폭력에 가담하고 있는 친구에게는 사이버 폭력 문제를 보다 가까이에서 바라보게 한다. 사이버 폭력 퇴치 주간을 지정하는 방법도 있다.

학교는 사이버 폭력의 심각성을 알리기 위해 프로그램 제공 외에도 다양한 방법을 동원할 수 있다. 그중 하나는 청소년의 전자 매체 사용 패턴을 잘 알고 있는 사람을 멘토로 지정하는 것이다. 멘토는 사이버 폭력뿐 아니라 전자 매체와 관련한 다양한 문제를 상담하고, 문제를 해결하는 과정에서 도움을 준다. 아는 사람에게 문제를 털어놓기 어렵다면 사이버 폭력 문제를 전문적으로 다루는 청소년 폭력 예방 재단에 도움을 요청해도 된다.

멘토와 상담하기

'비트불링(Beatbullying)' 같은 학교 폭력 퇴치 기관이나 한국 청소년 상담 복지 개발원은 피해자와 연령대가 비슷한 청소년 멘토가 직접 사이버 폭력 문제를 상담해 주는 또래 상담 프로그램을 운영합니다.

제인은 마이스페이스에서 누군가 '제인은 뚱뚱하고 못생겼다.'고 자신을 비방한 글을 발견하고 온라인 멘토 케이시에게 상담을 요청했습니

전화 상담 서비스를 이용해 사이버 폭력에 대한 조언을 얻을 수 있다.

다. 케이시는 제인을 상담한 뒤 누가 인터넷에 그 글을 올렸는지 추적했습니다. 알고 보니 가해자는 제인뿐 아니라 다른 친구까지 여러 명 괴롭히고 있었지요. 케이시는 제인이 다니는 학교에 이 사실을 알렸고, 학교측은 제인이 더는 사이버 폭력을 당하지 않도록 도왔습니다.

학교 폭력 퇴치 주간

  1999년 4월 20일, 미국 콜로라도 주의 콜럼바인 고등학교에서 2명의 학생이 다른 학생 12명과 선생님 1명을 죽이고 자살하는 최악의 학교 **총기 난사** 사건이 일어났다. 조사 결과 두 학생이 평소 자신을 괴롭힌 친구들에게 복수하려고 무차별 총기 난사 사건을 벌였다는 사실이 드러났다. 미국은 이 비극적인 사건을 추모하는 의미에서 4월 셋째 주를 '학교 폭력 퇴치 주간'으로 지정했다. 미국의 모든 학교와 학교 폭력 퇴치 단체는 이 기간에 맞추어 학교 폭력 문제의 심각성과 대처법을 알리는 다양한 행사를 연다.

간추려 보기

• 사이버 폭력을 당하는 사람은 여러 가지 징후를 보인다. 친구가 이러한 징후를 보이면 혹시 사이버 폭력을 겪고 있는지 살피고 조심스럽게 도움을 줄 방안을 모색해야 한다.
• 친구가 사이버 폭력을 당하고 있다면 친구의 이야기를 잘 들어 주고 곁에서 믿음을 주어야 한다. 사이버 폭력에서 벗어나는 방법을 알려 주는 웹 사이트나 재단을 소개하는 방법도 효과적이다. 최근에는 학교에서 제공하는 멘토 프로그램도 많다.

6
CHAPTER

사이버 폭력에 대처하는 방법

사이버 폭력을 방지하고 이에 대처하는 방법은 여러 가지가 있습니다. 사이버 폭력은
가해자와 피해자 모두에게 좋지 않은 영향을 주는 행위므로 인터넷을 사용할 때는 늘
주의해야 합니다.

지금까지

살펴보았듯이 사이버 폭력을 방지하고 이에 대처하는 방법은 여러 가지가 있습니다.

- 개인 정보를 함부로 알려 주지 않아야 합니다. 개인 정보 보안만 철저하게 해도 대부분의 사이버 폭력을 예방할 수 있습니다. 가까운 친구나 가족처럼 믿을 수 있는 사람에게만 이메일 주소, 아이디 등을 공개해야 하지요.
- 인터넷에 개인적인 사진이나 주소, 학교 이름 같은 개인 정보를 공개할 때는 특히 신중을 기해야 합니다.
- 모르는 사람이 보낸 메시지와 이메일은 가급적 열지 말고 바로 삭제해야 합니다.
- 악의적인 메시지에는 답장하지 않습니다.
- 악의적인 메시지를 받으면 나중에 증거로 활용할 수 있도록 보관해 둡니다.
- 상황이 심각해지면 지금 벌어지고 있는 일을 어른에게 알립니다.

이러한 기본 대책 외에 사이버 폭력에서 벗어날 수 있는 방법은 무엇이 있을까요?

차단하기

사이버 폭력에서 벗어날 수 있는 가장 간단한 방법은 악의적인 이메일이나 메시지를 보낸 사람을 차단하는 것입니다. 이메일 프로그램은 대부분 차단 기능, 즉 '수신 거부' 기능을 갖추고 있습니다. 메일 내용에 특정한 단어가 들어가 있으면 자동으로 휴지통에 들어가도록 걸러내는 기능도 있지요. 그러면 악의적인 이메일의 제목조차 읽을 필요가 없습니다. 인터넷 메신저에도 악의적인 메시지를 보낸 사람을 차단하는 기능이 있어요.

하지만 차단은 근본적인 해결책이 아닙니다. 가해자가 마음만 먹으면 다른 계정을 만들어서 악의적인 이메일과 메시지를 계속 보낼 수 있으니까요. 자신을 괴롭히는 사람이 다른 계정으로 악의적인 메시지를 계속

이메일 주소와 메신저 아이디를 믿을 수 있는 친구와 가족에게만 알려 주면 사이버 폭력을 어느 정도 방지할 수 있다.

전송한다면 차라리 사용하던 계정을 폐쇄하고 새로운 계정을 만드는 편이 낫습니다. 그리고 믿을 수 있는 친구와 가족에게만 새 계정 주소와 아이디를 알려 주세요. 만약 계정을 바꾸어도 사이버 폭력이 계속되면 반드시 어른에게 알려야 합니다. 매우 위험한 상황일 수 있거든요.

개인 정보 보호하기

우리가 즐겨 찾는 소셜 네트워크 사이트는 '개인 정보 보호 설정 기능'을 갖추고 있습니다. 개인 정보 보호 설정 기능이 무엇인지 알고 있나요? 전 세계에서 수억 명이 소셜 네트워크 서비스를 이용하지만 정작 개인 정보 보호 설정 기능이 무엇인지 아는 사용자는 많지 않습니다. 개인 정보 보호 설정 기능이란 자신의 개인 정보를 누구에게 공개할 것인지, 즉 개인 정보의 공개 범위를 사용자가 직접 설정할 수 있도록 하는 기능을 말해요. 보통 소셜 네트워크 사이트의 기본 설정은 '모든 사람에게 프로필을 공개'로 되어 있습니다. 하지만 기본 설정 그대로 소셜 네트워크 서비스를 이용하면 안 됩니다. '친구'로 등록된 사용자만 내 프로필을 볼 수 있도록 설정을 변경해야 하지요. 모르는 사람에게 자신의 개인 정보를 공개하고 싶지 않다면 말이에요.

소셜 네트워크 사이트에는 다른 사람을 괴롭히려는 의도로 가짜 프로필을 만들어 활동하는 사용자가 생각보다 많습니다. 따라서 친구 요청을 수락할 때도 신중을 기해야 합니다.

신고하기

소셜 네트워크 사이트나 채팅방에서 반복적으로 다른 사람을 괴롭히고 악의적인 글과 댓글을 올리는 사용자를 만나면 즉시 사이트 관리자에게 신고해야 합니다. 그러면 사이트 관리자가 신고 내용을 검토한 뒤 신고 사유가 타당하다고 판단되면 그 사용자를 강제 탈퇴시키거나 사이트에 접근하지 못하도록 막지요.

게시물 삭제 요청하기

공개된 웹 사이트에서 사이버 폭력을 당하면 무시하고 지나치기 어렵습니다. 또한 웹 사이트는 모두에게 공개되어 있기 때문에 다른 사용자가 접근할 수 없도록 차단하기도 힘들지요. 반면 소셜 네트워크 사이트에서는 사용자가 직접 각자의 프로필과 페이지, 담벼락을 관리하기 때문에 다른 사용자가 글을 올리거나 댓글을 달지 못하도록 설정할 수 있습

알아두기

휴대 전화로 악의적인 문자 메시지를 받았을 때는 통신사에 도움을 요청하면 메시지를 보낸 사람을 알아낼 수 있다. 그리고 소셜 네트워크 사이트를 비롯한 웹 사이트에 악의적인 글, 사진, 동영상이 올라오면 컴퓨터 IP 주소를 추적해 자료를 올린 사람의 정체를 밝힐 수도 있다. 이 과정에서는 경찰의 도움이 필요하다. 인터넷 공간에서 아무리 철저하게 정체를 숨기려고 발버둥쳐도 경찰과 **인터넷 서비스 공급자**(ISP, Internet Service Provider)가 추적할 수 있는 흔적은 항상 남는다.

생각해 보기

미국의 한 중학교 교장이 모든 학부모에게 통신문을 발송했다. 자녀의 소셜 네트워크 서비스 이용을 금지시켜 달라고 요청하는 내용이었다. 교장은 통신문에 "중학생이 소셜 네트워크 사이트를 이용해야 할 이유가 없다."고 썼다. 이 예시는 다소 극단적이다. 하지만 사이버 폭력의 위험을 줄일 예방 조치는 꼭 필요하다.

위와 같은 예방법에 대해 어떻게 생각하는가? 청소년의 소셜 네트워크 사이트 이용을 막으면 자연히 사이버 폭력의 위험은 훨씬 줄어들게 될 것이다. 하지만 이 방법은 청소년의 인터넷 사용 자유를 침해한다. 그렇다면 다른 예방법으로는 어떤 것이 있을까?

니다. 하지만 누군가 가짜 프로필을 만들어서 사이버 폭력에 악용하는 경우에는 사이트의 고객 센터에 가짜 프로필을 삭제해 달라고 요청해야 하지요. 이러한 경우 고객 센터에 도움을 요청하는 방법은 사이트의 '도움말' 메뉴에 자세히 나와 있습니다. 유튜브에 악의적인 동영상이 게시된 경우에는 사이트 관리자에게 신고해 그 동영상을 내릴 수 있어요.

소셜 네트워크 사이트나 유튜브 같은 웹 사이트는 악의적이거나 폭력적·선정적인 글, 사진, 동영상 등을 삭제하는 정책을 시행하고 있습니다. 하지만 신고가 접수된 뒤 실제로 자료가 삭제되기까지는 오랜 시간이 걸릴 수 있습니다. 사이버 폭력에서 한시라도 빨리 벗어나고 싶어 하는 피해자의 입장에서는 상당히 불만스러운 일이지요. 웹 사이트에 자신을 비방하는 악의적인 자료가 올라가 있거나 자신을 괴롭히기 위해

부모님은 자녀가 사이버 폭력 같은 고민을 털어놓으면 대처 방안을 함께 모색해 준다.

만들어진 웹 사이트를 발견했다면 우선 어른에게 알려야 합니다. 그래도 해결되지 않으면 경찰에 신고하세요. 경찰 내부에는 사이버 폭력·범죄를 전담하는 경찰청 사이버 수사대가 있으니까요.

사이버 폭력과 법률

사이버 폭력이 지속, 심화되어 개인의 힘으로는 멈출 수 없는 상태라고 판단되면 학교나 경찰이 사태에 관여합니다. 사이버 폭력의 심각성을 잘 알고 있는 사람들은 사이버 폭력을 그 경중에 관계없이 범죄 행위로 취급해야 한다고 주장하지요. 하지만 실제로 사이버 폭력을 범죄로 인정하는 경우는 많지 않습니다. 경찰이 심각하다고 판단했을 때는 사

> **사례탐구** **멜버른에서 일어난 해피 슬래핑**
>
> 해피 슬래핑으로 체포된 호주의 십대 청소년 사례는 사이버 폭력 범죄의 극단적인 예시다. 호주 멜버른의 교외에 사는 십대 청소년 무리가 행인을 폭행하고, 그 장면을 동영상으로 촬영했다. 게다가 이들은 촬영한 동영상을 인터넷에 올리고 DVD로 만들어 판매하기까지 했다. 한 텔레비전 프로그램이 이들이 주변 학교 학생들에게 판매한 DVD를 취재하면서 이들의 범죄 행위가 세상에 드러났다. 이들은 절대 잡히지 않을 거라는 확신이 있었는지 동영상 **크레디트**에 자신들의 실명을 적는 무모함을 보였다. 결국 해피 슬래핑에 가담한 청소년 11명은 강력 범죄로 **기소**되었고, 그들 중 대부분은 보호 관찰형을 선고받았다. 보호 관찰형은 정기적으로 보호 관찰관을 찾아가 자신의 신변을 보고하고 사회봉사를 수행하는 벌이다.

이버 폭력을 범죄로 인정하기도 하지만 말이지요. 다음은 사이버 폭력이 범죄로 인정되는 예입니다.

- 해피 슬래핑처럼 물리적 폭력이 수반되고 상대에게 상해를 입히는 행위는 언제나 범죄에 해당합니다.
- 특정인을 협박하는 행위는 범죄에 해당합니다.
- 사이버 스토킹이나 집단 사이버 폭력은 피해자가 받은 악의적인 메시지와 협박의 횟수에 따라 범죄 행위가 될 수 있습니다.
- 인터넷에서 또래 친구나 선생님에 대해 악의적인 소문을 퍼트려서 피해자의 평판에 영향을 주는 행위도 범죄가 될 수 있습니다.

사이버 폭력은 가해자와 피해자 모두의 장래에 큰 영향을 미친다. 따라서 학교는 사이버 폭력 사건을 매우 신중하게 처리한다.

진로에 미치는 영향

사이버 폭력의 가해자가 법적 처벌은 운 좋게 피했다고 하더라도, 진로에 영향을 미치는 다른 처벌을 받게 될 수 있습니다. 우선 인터넷 서비스 공급자나 소셜 네트워크 사이트에 의해 특정 웹 사이트 이용을 금지당하게 되지요. 온라인에서 저지른 행위는 오랫동안 기록으로 남아 당사자를 따라다닙니다. 인터넷에 한번 기록된 자료는 완전히 삭제하기가 매우 어렵기 때문이지요.

사이버 공간에서 다른 사람을 괴롭힌 사실이 밝혀지면 학교에서 정학을 당하거나, 심하면 퇴학을 당할 수도 있습니다. 학교에서 징계를 받은 기록은 대학에 진학할 때는 물론이고 졸업한 뒤에 직장을 구할 때

도 불리하게 작용합니다. 철없는 어린 시절 저지른 실수가 평생을 따라
다니는 것이지요.

간추려 보기

- 사이버 폭력에서 벗어나는 방법으로는 차단하기, 신고하기, 소셜 네트
  워크 사이트나 이메일 계정 삭제, 개인 정보 보호 기능 사용하기, 법적
  도움 받기 등이 있다.
- 사이버 폭력은 그 피해가 심각한 경우 범죄 행위로 취급되어 가해자가
  법적 처벌을 받는다.

사이버 폭력에 대한 논쟁

사이버 폭력이 나쁘다는 데는 이견의 여지가 없습니다. 하지만 기술 발전이 우리 생활에 어떤 영향을 미치는지에 대해서는 다양한 의견이 충돌하고 있지요. 사이버 폭력을 둘러싼 논쟁을 살피고 자신의 의견을 말해 봅시다.

지금까지

사이버 폭력이 청소년에게 어떠한 영향을 미치는지, 사이버 폭력을 당했을 때 어떻게 대처해야 하는지를 알아보았습니다. 사이버 폭력이 나쁘다는 데는 이견의 여지가 없습니다. 하지만 사이버 폭력 발생의 궁극적 원인이라고 할 수 있는 정보 통신 기술의 발전이 우리 생활에 어떤 영향을 미치는지에 대해서는 다양한 질문과 의견이 존재하지요. 사이버 공간에서 새로운 친구를 사귀고 일상을 공유하면서도 사이버 폭력의 위험에서 스스로를 보호할 수 있을까요?

다음 쪽의 표는 사이버 폭력과 관련하여 **찬반양론**이 일고 있는 두 가지 논쟁을 소개합니다. 이러한 논쟁에 찬성하든 반대하든, 사이버 폭력이 심각한 문제라는 사실만은 분명합니다. 앞으로도 사람들은 인터넷과 휴대 전화를 사용할 테고 기술이 발전함에 따라 새로운 형태의 사이버 폭력이 계속 등장하겠지요. 사이버 폭력의 위험성에 대한 사회적 인식이 꾸준히 높아지고 있기는 하지만, 실제로 사이버 폭력에서 자신을 보호하는 주체는 바로 청소년 자신입니다. 또한 전자 매체를 이용해서 누군가를 괴롭히는 행위는 절대로 용납할 수 없는 일이라는 것을 명심하세요.

청소년의 소셜 네트워크 사이트 이용을 금지해야 한다

찬성	• 소셜 네트워크 사이트에서는 사이버 폭력뿐만 아니라 청소년에게 유해한 다른 문제도 많이 발생한다. 청소년에게 유해한 다른 요소들은 금지하면서 소셜 네트워크 사이트는 왜 금지하지 않는가? • 소셜 네트워크 사이트를 운영하는 기업이 청소년을 충분히 보호하지 못하고 있다. 그러니 기업을 대신하여 사이버 공간에서 청소년을 보호할 법률을 제정해야 한다. • 인터넷에서 성숙하게 행동하지 못하는 청소년이 많다. 따라서 이러한 청소년 자신은 물론 다른 사람들의 안전을 위해 청소년의 소셜 네트워크 사이트 이용을 금지해야 한다.
반대	• 사이버 공간에서 다른 사람을 괴롭히는 일부 청소년과 어른들 때문에 사이버 폭력을 당하는 피해자나 일반 청소년까지 규제를 받아서는 안 된다. • 인터넷에서는 쉽게 신분을 도용하거나 사칭할 수 있다. 따라서 소셜 네트워크 사이트의 이용 연령 제한 효과는 적다. 그리고 이미 연령 제한 정책을 시행하고 있는 소셜 네트워크 사이트도 많다. • 청소년은 소셜 네트워크 사이트 이용을 통해 인터넷상에서 어떻게 행동해야 하는지 배울 수 있다. • 어차피 소셜 네트워크 사이트 이용을 금지해도 사이버 폭력을 계속할 다른 사이버 공간을 찾아낼 것이다.

사이버 폭력은 일반적인 학교 폭력보다 나쁘지 않다

찬성	• 사이버 폭력은 보통 물리적 폭력으로 상대에게 상해를 입히지 않는다. • 악의적인 메시지나 이메일은 무시하거나 보낸 사람을 차단할 수 있다. 또한 사이버 폭력은 개인 정보를 철저하게 보호하면 어느 정도 예방이 가능하다. • 아무도 청소년에게 인터넷과 메신저를 사용하라고 강요하지 않는다. 최악의 경우 인터넷을 하지 않으면 된다. 하지만 현실 세계의 괴롭힘은 인터넷을 사용하지 않는다고 막을 수 있는 것이 아니다.
반대	• 사이버 폭력의 피해자는 일반적인 학교 폭력의 피해자보다 큰 정신적 상처를 입을 수 있다. 사이버 폭력으로 인해 스스로 목숨을 끊는 경우도 많다. • 사이버 폭력을 당하지 않고 인터넷과 휴대 전화를 사용할 자유는 학교 폭력을 당하지 않고 학교에 다닐 자유만큼 중요하다. • 사이버 폭력은 피해자에게 24시간 내내 고통을 주기 때문에 벗어나기가 더욱 어렵다.

현실 세계에서의 학교 폭력이 사이버 폭력보다 유해할까?

생각해 보기

사이버 폭력은 인터넷이 등장하기 훨씬 전부터 존재했던 괴롭힘의 한 가지 유형이다. 다른 사람을 괴롭히고 따돌리는 사람들의 심리와 이 사람들에게 맞설 전략에 대해 이야기해 보자.

또한 사이버 공간에는 사이버 폭력 외에도 신분 도용, 사이버 범죄 등 청소년을 위협하는 문제가 많다. 인터넷상에서 자신을 보호하는 방법을 자세히 알아보자.

사이버 폭력의 종류와 예방 및 해결책

수단	사이버 폭력의 종류	예방 및 해결책
휴대 전화	• 협박하는 내용을 담은 문자 메시지나 전화 • 악의적 사진 촬영 및 전달 • 해피 슬래핑	• 휴대 전화에 비밀번호 설정 • 믿을 수 있는 친구나 가족에게만 전화번호 알려 주기 • 협박 문자 메시지를 보낸 번호 차단 및 해당 문자 보관 • 악의적인 문자에 답장하지 않기 • 괴롭힘이 계속되는 경우 전화번호 변경
메신저	• 악의적인 메시지나 협박 • 다른 사람의 계정을 사용해 악의적 메시지 전달	• 비밀번호 보안 철저히 하기 • 친구 수락 시 주의하기 • 악의적인 메시지 무시 또는 보낸 사람 차단
채팅방 및 게시판	• 집단으로 한 사람을 괴롭히거나 무시 • 악성 댓글 달기 • 다른 사람인 척 가장	• 개인 정보 보호 • 악의적인 메시지에 답장하지 않기 • 다른 사람을 괴롭히는 그룹에 가담하지 않기 • 모르는 사람과 대화할 때 주의하기
이메일	• 악의적인 이메일 전달 • 여러 사람에게 헛소문이 담긴 메일 보내기 • 다른 사람인 척 가장하여 메일 전달	• 악의적인 이메일에 답장하지 않기 • 악의적인 메일을 보낸 사람 차단 및 해당 메시지 보관 • 모르는 사람이 보낸 이메일 열지 않기 • 다른 사람에게 악의적인 이메일 전달하지 않기
소셜 네트워크 사이트	• 악의적인 메시지 전달 • 악의적인 사진 및 동영상 게시 • 다른 사람인 척 가장하거나 가짜 프로필 만들기	• 비밀번호 보호 • 친구들만 프로필을 볼 수 있도록 개인 정보 보호 설정 • 친구 수락 시 주의하기 • 사이트 고객 센터에 사이버 폭력 신고
동영상 사이트 및 기타 웹 사이트	• 해피 슬래핑 동영상 등 악의적 동영상 게시 • 다른 사람인 척 가장	• 사이트 운영자에게 악의적인 동영상 신고 • 사이버 경찰에게 가짜 웹 사이트 신고
게임 사이트	• 그리퍼 • 플레이밍 • 초보 플레이어를 괴롭히거나 게임 캐릭터 죽이기	• 개인 정보 보호 • 악의적인 메시지에 답변하지 않기 • 다른 사람을 괴롭히는 그룹에 가담하지 않기 • 모르는 사람 경계

- 청소년의 소셜 네트워크 사이트 사용 전면 금지, 사이버 폭력과 일반적인 학교 폭력의 비교 등 사이버 폭력을 둘러싸고 많은 논쟁이 벌어지고 있다. 우리는 이러한 논쟁에 참여할 때 무엇보다 사이버 폭력의 위험성을 명확히 인식해야 한다.

용어 설명

강제 탈퇴 어떤 모임이나 단체에서 강제로 회원 자격을 잃게 되는 일. 보통 특정 사용자가 단체의 규칙을 위반했을 경우 단체의 구성원과 운영진이 그 사용자의 강제 탈퇴를 결정한다. 강제 탈퇴를 당하면 재가입이 어렵다.

개인 정보 살아 있는 개인에 대한 정보. 엄밀하게는 그 정보를 통해 어떤 사람을 다른 사람과 구별하여 인식할 수 있는 정보를 말한다. 예를 들어 출신 학교나 이름, 주민 등록 번호, 주소 등을 알면 어떤 사람을 다른 사람과 구분해 낼 수 있다. 따라서 출신 학교, 이름, 주소 등은 개인 정보에 해당한다.

계정 인터넷 사이트에 가입하면 부여되는 아이디(ID, Identity)와 비밀번호를 뜻한다. 예를 들어 이메일 주소를 이메일 계정이라고 부른다.

기소 검사가 법원에 어떤 사건의 심판을 청구하는 것. 범죄를 저질러서 기소당하면 재판을 받아야 한다.

도용 남의 물건이나 명의를 몰래 쓰는 행위. 최근에는 인터넷상에서 다른 사람의 명의나 계정을 도용하는 범죄 행위가 늘고 있다.

모바일 메신저 휴대 전화처럼 이동 중에도 들고 다니며 사용할 수 있는 통신 기기를 '모바일 기기'라고 한다. 모바일 기기를 통해 간단한 메시지를 주고받는 프로그램이 모바일 메신저다. 한국에서 많이 사용하는 모바일 메신저로는 '카카오톡', '라인', '틱톡' 등이 있다. 모바일 메신저 때문에 스마트 폰 중독 증세를 보이는 청소년이 많다.

물리적 폭력 직접적으로 신체적 해를 끼쳐서 사람을 다치게 하는 폭력 행위. 비물리적 폭력으로는 언어 폭력, 정신적 폭력 등이 있다. 물리적이든 비물리적이든 폭력은 항상 지양해야 한다.

사칭 이름, 주소, 나이, 신분 등 개인 정보를 속이는 행위. 공적 지위를 가진 인물을 사칭하여 범죄를 저지를 때 사칭이 벌어지기도 한다. 인터넷상에서 다른 사람을 사칭하여 사기를 치거나 불법을 저지르는 사람도 있다. 사칭 당한 사람과 사칭한 사람에게 사기를 당한 사람이 이중으로 피해를 입기 때문에 사회적으로 매우 위험한 행위다.

소셜 네트워크 사이트 소셜 네트워크 서비스(SNS, Social Network Service)를 제공하는 웹 사이트. 소셜 네트워크 서비스란 인터넷상에서 기존의 인간관계를 강화시키고 새로운 관계를 맺을 수 있도록 돕는 서비스다. 대표적인 소셜 네트워크 사이트로는 '페이스북', '트위터', '싸이월드', '카카오스토리' 등이 있다.

수신 거부 특정한 이메일 계정이나 전화번호를 등록해 두면 등록된 계정에서 보낸 이메일과 등록된 전화번호로 걸려 오는 전화, 메시지가 수신되지 않도록 하는 기능.

스토킹 상대방이 거부 의사를 밝혔는데도 계속해서 따라다니면서 피해를 입히는 범죄 행위. 어떤 사람을 계속 따라다니며 감시하고, 지속적으로 편지, 이메일, 전화, 문자 메시지를 보내기도 한다. 피해자는 정신적 피해를 입는다. 스토킹이 지속되면 납치,

감금, 살인 같은 강력 범죄로 이어지기도 한다.

아바타 사이버 공간에서 사용자를 대신하는 캐릭터. 예전에는 2D인 경우가 많았으나 요즘에는 더욱 실감나는 3D 캐릭터인 경우가 많다. '아바타'라는 말은 산스크리트어 '아바따라(avataara)'에서 유래했다. 지상에 강림한 신의 화신을 뜻하는 '아바따라'가 인터넷상에서 사용자의 화신인 아바타가 된 것이다.

IP 아이피(IP, Internet Protocol)는 컴퓨터가 가지고 있는 각각의 고유 주소다. '111.222.33.444' 같은 형식으로 이루어진 숫자로 표시한다. 사이버 폭력을 비롯한 사이버 범죄가 벌어지면 경찰은 범죄를 저지른 컴퓨터의 IP 주소를 추적하여 범인을 잡는다.

악성 댓글 인터넷 기사나 게시물에 달리는 댓글 중 욕설, 협박, 비방, 모욕이 담긴 것. 악성 댓글은 '악플'이라고도 하며, 사이버 폭력, 사이버 범죄의 한 종류다. 공격적인 악성 댓글로 인해 정신적 충격을 받는 사람이 많고 심한 경우에는 스스로 목숨을 끊기

도 한다. 악성 댓글은 사람들에게 피해를 줄 뿐만 아니라 형사 처분을 받을 수도 있는 심각한 범죄다.

MMORPG 엠엠오알피지(MMORPG, Massive Multiplayer Online Role Playing Game)는 말 그대로 대규모 다중 사용자 온라인 롤 플레잉 게임을 뜻한다. 사용자가 게임 안에서 정해진 역할(Role)을 수행하는 롤 플레잉 게임을 온라인을 통해 여러 사용자가 동시에 즐기는 게임이다. 사용자끼리 상호 작용을 할 수 있고 서로 협동하여 하나의 미션을 수행할 수 있다는 점이 MMORPG의 매력이다. 대표적인 MMORPG로는 '리니지', '월드 오브 워크래프트' 등이 있다.

인터넷 서비스 공급자 ISP(Internet Service Provider)라는 약자로 불리며, 전용 회선을 통해 일반 사용자들이 인터넷 서비스를 사용할 수 있도록 하는 업체를 가리킨다. 가정이나 소규모 기업에서는 무선 랜, 케이블 모뎀 등을 사용하고 대기업이나 연구소는 위성 인터넷처럼 대규모 접속이 가능한 기술을 이용한다. 최근에는 일정한 금액을 내면 무한대로 인터넷 서비스를 사용할 수 있는 정액제 이용이 증가하는 추세다.

자존감 자신을 존중하고 사랑하는 마음. 자존감이 지나치게 낮으면 늘 스스로를 비하하게 되고, 지나치게 높으면 자만에 빠질 가능성이 있다. 적절한 자존감은 타인과 원만한 관계를 맺고 인생을 당당하게 살아가는 데 꼭 필요하다.

징후 겉으로 드러나는 낌새.

찬반양론 찬성과 반대의 대립하는 두 입장 또는 의견.

총기 난사 주위 사람에게 무차별적으로 총을 쏴서 죽거나 다치게 하는 범죄. 총기 소지를 허가하는 미국이나 유럽 국가에서 주로 발생한다. 한국의 경우 군대 안에서 일어나기도 한다. 세상을 향한 분노나 정신 질환이 원인일 때가 많다.

콤플렉스 무의식 안에 잠재된 열등감. 예를 들어 외모 콤플렉스, 내성적인 성격에 대한 콤플렉스 등이 있다. 콤플렉스가 심하면 자존감이 낮아지고 대인 관계, 사회생활에 문제가 생길 수 있다.

크레디트 영화나 텔레비전 프로그램 같은 영상이 끝난 뒤에 그 영상 제작에 참여한 사람들의 이름을 언급하는 것. 주로 긴 목록으로 만들어 천천히 위로 올라가게 만들며 '엔딩 크레디트'라고 부른다.

파티 게임 안에서 혼자서는 수행하기 어려운 미션을 성공시키기 위해 여러 사용자가 모여 만든 모임. 보통 '파티를 맺는다.' '파티원을 모집한다.' 등의 용례로 쓰인다. RPG(Role Playing Game)의 경우 각자 맡은 역할이 다르기 때문에 다양한 역할의 사용자가 모여서 파티를 만들어야 하나의 미션을 수행할 수 있는 경우가 많다.

포럼방 '포럼(forum)'은 토의 방식 중 한 가지다. 몇 명의 전문가가 발표 형식으로 주제를 제시하면 포럼에 참여한 사람들이 자유롭게 의견을 제시하며 토론한다. 포럼방은 넓게는 일반적인 인터넷 게시판을 지칭하는 말이며 보통은 게임, 카메라, 만화 등 한 가지 주제에 대한 이야기를 나누는 게시판을 특정해서 지칭한다.

연표

1997년
한국에서 시민단체가 중심이 되어 '불건전 사이트 모니터링 및 학부모 교육 활동'을 전개했다.

1999년
미국 콜럼바인 고등학교에서 총기 난사 사건이 일어났다. 이 끔찍한 사건을 저지른 두 학생은 집단 따돌림의 피해자였다. 콜럼바인 총기 난사 사건은 미국 전역에 큰 충격을 주었으며 2002년 제작된 다큐멘터리 영화 '볼링 포 콜럼바인'의 모티브가 되었다.

2000년
뉴햄프셔대학교의 연구에서 '사이버 폭력(Cyber bullying)'이라는 말이 처음 사용되었다.
한국 경찰청에 사이버 테러 대응 센터가 신설되었다. 사이버 테러 대응 센터는 사이버 범죄를 대상으로 삼는다.

2004년
세계 최대의 소셜 네트워크 서비스 페이스북이 탄생했다. 페이스북은 인터넷상에서 사람 사이의 관계를 확장하고 깊게 한다는 애초의 의도와 달리 사이버 폭력의 온상이 되어 부작용을 낳기도 했다.

2005년
트리스톤 크리스마스가 해피 슬래핑을 당해 사망했다.

2007년
한국의 여성가족부가 #1388 모바일 상담 서비스를 시작했다.

한국인터넷진흥원과 방송통신위원회가
'아름다운 인터넷 세상 범국민협의회'를 출범시키고 '아름다운
인터넷 세상 만들기' 캠페인을 전개했다.

2008년   메간 마이어가 사이버 폭력으로 자살했다.

2010년   카카오톡이 모바일 메신저 서비스를 시작했다. 카카오톡은 한
국에서 '국민 모바일 메신저'로 불릴 만큼 많은 사람이 이용하는
서비스다.

2012년   한국의 '학교폭력예방 및 대책에 관한 법률'에서 사이버 폭력을
학교 폭력으로 규정했다.
사이버 폭력을 당한 고등학생 강 모양이 자살하는 사건이 벌어
졌다. 헤어진 남자친구의 친구 15명이 강 모양을 카카오톡 단체
메시지 창에 초대해 욕설을 퍼부은 일이 그 원인이었다. 이 사건
이 일어난 뒤로 한국에서 사이버 폭력의 위험성이 강조되었다.

2013년   한국 정부가 사이버 폭력을 비롯한 사이버 폭력의 근절을 위해
'인터넷 문화 정책 자문 위원회'를 신설했다.

더 알아보기

경찰청 사이버테러 대응센터 www.netan.go.kr
사이버 범죄 피해를 입은 경우 직접 신고할 수 있는 사이트. 각종 사이버 범죄를 종류별로 소개하고 최근 성행하는 사이버 범죄 유형을 알려 피해 확산을 막는다. 국내외 사이버 범죄와 수사 방식에 대한 정보 제공을 통해 시민들이 스스로 사이버 범죄로부터 자신을 지킬 수 있도록 돕는다.

스톱불링 www.stopbullying.or.kr
교육부가 학교 폭력 예방을 위해 제작한 종합 포털 사이트로, 학교 폭력에 대한 정보와 학교 폭력 예방·대처 방안을 소개한다. 학교 폭력을 줄이기 위한 여러 캠페인을 자세히 살펴볼 수 있다. 그뿐만 아니라 실시간 1:1 상담, 학교 폭력 신고 등의 서비스를 제공한다.

불법 유해정보 신고센터 www.singo.or.kr
방송통신심의위원회가 제작한 사이트. 인터넷과 방송통신상의 유해 정보를 신고할 수 있는 전용 프로그램 '인터넷 파랑새'를 무료로 제공하며, 청소년이 직접 방송통신상의 유해 정보를 감시·신고하는 청소년 방송 모니터링 제도를 운용하고 있다.

불법 스팸 대응센터 www.spamcop.or.kr
전화, 문자 메시지, 이메일, 팩스, SNS 등 모든 종류의 스팸을 신고할 수 있는 사이트. 간편하게 스팸을 신고하는 프로그램 '스팸캅'을 내려받을 수 있다. 청소년을 위한 스팸 방지 안내를 제공한다.

찾아보기

내인생의책 은 한 권의 책을 만들 때마다
우리 아이들이 나중에 자라 이 책이 '내 인생의 책'이라고 말할 수 있는 책을 만들고자 합니다.

세상에 대하여 우리가 더 잘 알아야 할 교양

�34 사이버 폭력 어떻게 대처할까? (원제:Cyber Bullying)

닉 헌터 글 조계화 옮김 김봉섭 감수

초판 발행일 2014년 6월 16일 | 제3쇄 발행일 2024년 10월 31일
펴낸이 조기룡 | 펴낸곳 내인생의책 | 등록번호 제10-2315호
주소 서울시 서초구 나루터로 70, 엠피스센터 212-1호(잠원동, 영서빌딩)
전화 (02)335-0449, 335-0445(편집) | 팩스 (02)6499-1165
전자우편 bookinmylife@naver.com | 카페 http://cafe.naver.com/thebookinmylife
편집장 이은아 | 책임편집 이민해
편집 1팀 신인수 이다겸 이지연 김예지 | 편집 2팀 박호진 진송이 조정우
디자인 최원영 심재원 | 경영지원 김지연 | 마케팅 이성민 서영광

ISBN 979-11-5723-007-5 44300
ISBN 978-89-97980-77-2 44300(세트)

책값은 뒤표지에 있습니다. 잘못된 책은 구입처에서 바꾸어 드립니다.

이 도서의 국립중앙도서관 출판시도서목록(CIP)은 e-CIP 홈페이지(http://www.nl.go.kr/ecip)에서 이용하실 수 있습니다.
(CIP제어번호: 2014016339)

디베이트 월드 이슈 시리즈

세상에 대하여 우리가 더 잘 알아야 할 교양

미국, 영국, 캐나다 디베이트 교과서!

《디베이트 월드 이슈 시리즈 세더잘》은 우리 아이들에게 편견에 둘러싸인 세계 흐름에서 벗어나 보다 더 적확한 정보와 지식을 제공합니다. 모두가 'A는 B이다.'라고 믿는 사실이, 'A는 B만이 아니라, C나 D일 수도 있다.'는 것을 알려 주면서 아이들이 또 다른 진실을 발견하도록 안내합니다.

★ 문화체육관광부 우수교양도서 ★ 한국간행물윤리위원회 청소년 권장도서 ★ 서울시교육청 추천도서 ★ 보건복지부 우수건강도서 ★ 아침독서 추천도서 ★ 대교눈높이창의독서 선정도서 ★ 학교도서관저널 추천도서

세더잘 33

해양석유시추 문제는 없는 걸까?

닉 헌터 글 | 이은주 옮김 | 최종근 감수

해양석유시추는 석유 부족 문제를 해결할 신기술이다.
vs 해양석유시추는 사고 위험이 높고 환경을 파괴하므로 석유를 대체할 새로운 에너지원을 개발해야 한다.

최근 해저 깊은 곳에서 석유를 생산하는 해양석유시추가 새로운 석유 공급원으로 각광받고 있습니다. 하지만 사고가 나서 바다에서 석유가 유출되면 해양 생태계가 큰 타격을 입습니다. 이러한 위험이 있는데도 해양석유시추를 계속해야 할까요? 바다에서 석유를 시추하는 것보다 석유를 대체할 새로운 에너지원을 찾는 것이 석유 고갈 문제의 효과적인 대안이 아닐까요?

세더잘 32

광고 그대로 믿어도 될까?

로라 헨슬리 글 | 김지윤 옮김 | 심성욱 감수

광고는 상품에 대한 정보를 제공하므로 소비자에게 유용하다.
vs 광고는 판매를 위해 상품에 대한 허위, 과대광고로 소비자를 현혹한다.

광고에는 순기능이 있는 반면 역기능도 많습니다. 제품의 단점은 슬쩍 감추고 장점만을 과장하는 경우도 있고, 광고가 아닌 것처럼 속여 구매를 유도하는 경우도 많기 때문입니다. 우리는 한 사람의 소비자로서 이러한 광고의 공격에 어떻게 대응해야 할까요? 이 책은 광고의 역사를 알려줄 뿐만 아니라 광고의 실체를 낱낱이 파헤칩니다.

세더잘 31

투표와 선거 과연 공정할까?

마이클 버간 글 | 이현정 옮김 | 신재혁 감수

대의 민주주의에서는 투표와 선거를 통해 당선된 사람을 반드시 우리의 대표자로 인정해야 한다.
vs 투표와 선거의 과정이 공정하지 않았을 수도 있으므로 그 결과를 무조건 신뢰할 수는 없다.

투표와 선거는 민주주의 국가에 살고 있는 시민들의 중요한 권리이자 의무입니다. 우리는 투표와 선거를 통해 공동체를 이끌 대표자를 선출하지요. 현재의 선거 제도는 일반 국민의 의사를 제대로 반영할까요? 아니라면 어떤 모습으로 바뀌어야 할까요?

디베이트 월드 이슈 시리즈

세상에 대하여 우리가 더 잘 알아야 할 교양

전국사회교사모임 선생님들이 번역한 신개념 아동·청소년 인문교양서!

《디베이트 월드 이슈 시리즈 세더잘》은 우리 아이들에게 편견에 둘러싸인 세계 흐름에서 벗어나 보다 더 적확한 정보와 지식을 제공합니다. 모두가 'A는 B이다.'라고 믿는 사실이, 'A는 B만이 아니라, C나 D일 수도 있다.' 라는 것을 알려 주면서 아이들이 또 다른 진실을 발견하도록 안내합니다.

 ★ 전국사회교사모임 추천도서 ★ 문화체육관광부 우수교양도서 ★ 한국간행물윤리위원회 청소년 권장도서 ★ 서울시교육청 추천도서
★ 보건복지부 우수건강도서 ★ 아침독서 추천도서 ★ 대교눈높이창의독서 선정도서 ★ 학교도서관저널 추천도서

① 공정무역 ② 테러 ③ 중국 ④ 이주 ⑤ 비만 ⑥ 자본주의 ⑦ 에너지 위기 ⑧ 미디어의 힘 ⑨ 자연재해 ⑩ 성형 수술 ⑪ 사형제도 ⑫ 군사 개입 ⑬ 동물실험 ⑭ 관광산업 ⑮ 인권 ⑯ 소셜 네트워크 ⑰ 프라이버시와 감시 ⑱ 낙태 ⑲ 유전 공학 ⑳ 피임 ㉑ 안락사 ㉒ 줄기세포 ㉓ 국가 정보 공개 ㉔ 국제 관계 ㉕ 적정기술 ㉖ 엔터테인먼트 산업 ㉗ 음식문맹 ㉘ 정치 제도 ㉙ 리더 ㉚ 맞춤아기 ㉛ 투표와 선거 ㉜ 광고